Lisa Feller
Windeln haben kurze Beine

PIPER

Zu diesem Buch

Wissen Sie, was Eltern-Mikado ist? Und warum es nur noch hochbegabte Kinder mit dem Terminkalender eines Top-Managers gibt?

Lisa Feller staunt über die absurden Situationen, in denen man sich als Mutter wiederfindet, und zeigt, warum mit Wickeltasche im Bankschließfach und Zuckerwatte in der Kühltruhe nichts schief gehen kann, solange man trotzdem lacht.

»Früher hätte ich gesagt: Lisa, ich will ein Kind von dir! Nach diesem Buch sage ich: Lisa, ich wär gern ein Kind von dir!« *Ingo Appelt*

Lisa Feller wurde bekannt durch ihre Rolle in der Comedyserie Schillerstraße und ist regelmäßig im Quatsch Comedy Club, bei TV Total, dem Satire Gipfel und weiteren Comedy und Kabarett-Formaten, sowie als fester Bestandteil bei der KIKA Serie »Schloss Einstein« zu sehen. Seit August 2013 führt Lisa Feller als Moderatorin durch den NDR Comedy Contest. Aktuell ist sie nach »Kill Bernd« und »Der Teufel trägt Pampers« erfolgreich mit ihrem dritten Solo-Comedyprogramm »Guter Sex ist teuer!« auf Tour.

Lisa Feller

Windeln haben kurze Beine

Piper München Zürich

Mehr über unsere Autoren und Bücher:
www.piper.de

MIX
Papier aus verantwortungsvollen Quellen
FSC® C083411

Originalausgabe
1. Auflage Mai 2013
2. Auflage April 2015

Umschlaggestaltung: semper smile GmbH, München
Umschlagabbildung: Stephan Pick (Foto), MTS (Artwork)
Satz: Uhl + Massopust, Aalen
Gesetzt aus der Birka
Papier: Pamo Super von Arctic Paper Mochenwangen GmbH, Deutschland
Druck und Bindung: CPI books GmbH, Leck
Printed in Germany ISBN 978-3-492-30225-8

Inhalt

Vorwort

Liebe Leserinnen, liebe Leser!

Wie schön, dass Sie dieses Buch in den Händen halten! Vielleicht haben Sie es geschenkt bekommen? Oder Sie sitzen gerade auf einer mäßig spannenden Party auf der Toilette, dieses Buch lag unter dem Waschbecken auf dem kleinen Höckerchen, direkt unter der *BUNTEN*, dem *managermagazin* und *Schöner Wohnen,* und Sie haben es sich einfach mal so gegriffen? Oder haben es sogar selbst gekauft? Wie auch immer dieses Schriftgut den Weg in Ihre Hände gefunden hat, jetzt ist es genau da. Und ich bin glücklich darüber.

Ich möchte Sie ein bisschen an die Hand nehmen und Ihnen für die Lektüre des Buches ein wenig von mir erzählen. Damit Sie verstehen, warum ich dieses Buch schreibe, und damit Sie wissen, ob Sie überhaupt weiterlesen möchten. Oder doch lieber wieder zurückgehen möchten auf die schnarchöde Party, um den langweiligen Ausführungen von Uschi und Jens über die gemeinsame Rucksacktour durch die Uckermark zu lauschen.

Ich bin eine junge Mutter. Damit möchte ich nicht sagen, dass ich so tierisch jung bin, sondern dass es noch nicht allzu lange her ist, dass ich zum ersten Mal Mutter wurde.

Ich habe zwei kleine Söhne, die jetzt in diesem Moment eins und fünf sind. Und die außerdem gerade wieder ausprobieren wollen, wie viel Mehl man benötigt, um die gesamte Küche aussehen zu lassen, als hätte es geschneit. Oh je! Moment, ich bin gleich wieder da.

So, da bin ich wieder. Nur fünf Stunden später. Der normale Alltags-Wahnsinn mit kleinen Kindern. Superanstrengend, weil ich die komplette Küche putzen musste, und das einarmig. Weil auf dem anderen Arm immer noch mein kleiner Sohn thront, damit er nicht hinter mir wieder alles in Unordnung bringt. Außerdem superanstrengend, weil das Mehl in allen Ritzen geklebt hat. Und superanstrengend, weil die beiden Spätze aussahen wie zwei Schneemänner und ich sie beide direkt in voller Montur in die Waschmaschine hätte stecken können.

Aber: auch ziemlich lustig! Weil die beiden Zwerge mittendrin saßen, Spaß hatten für zwölf und herzerweichend aus vollem Halse gelacht haben. Das Wichtigste in so einem Moment: Foto machen! Denn sobald der Ärger verflogen ist, freut man sich noch jahrelang über dieses Bild. Außerdem kann ich dem Ganzen doch etwas Positives abgewinnen: Sie hätten auch Puderzucker nehmen können. Das hätte viel mehr geklebt. Oder, noch schlimmer: Kakao! Das hätte geklebt UND noch alles schwarz gemacht. Also war das Mehl doch eine vergleichsweise harmlose Wahl.

Ich bin aber nicht nur Mutter. Ich bin außerdem auch noch verheiratet. Mit allen Höhen und Tiefen. Es ist doch so – mit Kerl ist es manchmal anstrengender als ohne. Und häufig verwandelt sich der vorher coole, lässige Göttergatte in einen stinknormalen überforderten Ehemann, sobald der erste Nachwuchs da ist. Für alle Leser ohne Kind: Da kann auch schon ein Hund reichen. Oder ein Aquarium. Was haben sich meine Freunde Alex und Susi nicht gestritten, wer wann die müffelnden Futterblättchen (Sie wissen schon, dieses Fischfutter) ins Wasser rieseln lässt, und als sie gemerkt haben, dass es beide tun, hat Susi tatsächlich behauptet, der Guppy wäre fett geworden. Und Alex sowieso. Und zack, waren sie von Susi alle zu einer Schlankheitskur verdonnert worden. Pikanterweise musste Alex eine Fisch-Diät machen! Der Arme musste ständig fettarme Seelachs- und Forellenfilets in sich reinstopfen. Mit Blick aufs Aquarium. Das stand nämlich neben dem Esstisch. Was der Guppy statt der unglaublich, ja fast dreist-fetten Löschpapierschnipsel bekam, weiß ich nicht. Aber was ich weiß, ist, dass Susi mit dem Kescher hinter dem Guppy hergejagt ist, damit er im Wasser sein Workout macht. Aquagymnastik sozusagen.

Also: Man braucht keine Kinder, um sich mit seinem Liebsten in die Haare zu kriegen. Man weiß einfach vorher nie, wie es nachher aussehen wird. Eine Beziehung bringt einen manchmal an den Rand des Wahnsinns, positiv wie negativ. Kein Licht ohne Schatten, kein Huhn ohne Ei, kein Flip ohne Flop! An dieser Stelle also mal ganz explizit: Liebe Männer! Falls ihr vielleicht mal ein bisschen verstehen wollt, was in eurem Täubchen so vor sich geht, dann ist dieses Buch sicher auch für euch.

Aber für wen ist das Buch noch?

Für junge Mütter. Für werdende Mütter. Für Nicht-Mütter. Omas, Opas, Väter, Liebhaber, Freunde und und und. Für alle, die Spaß an Familie haben. Das Wichtigste ist sowieso nur: All you need is LOVE. Kinder brauchen Liebe. Erwachsene auch. Und über alles andere kann man sich lustig machen. In diesem Sinne: Habt Spaß!

Eure Lisa

Der hormonelle Marschbefehl

Wie ich gemerkt habe, dass ich schwanger bin.

Am Anfang war die Erinnerung beziehungsweise die Suche nach der Erinnerung. So oft machen wir es doch auch nicht. Aber wie oft ist oft?

»So«, denkt sich jetzt der geneigte Leser, »worum geht es denn? Was will uns die Frau Feller denn sagen? Und überhaupt, was ist das denn für ein Kapitelanfang?« Nun, das Kapitel heißt »Schwanger«. Also noch mal: Am Anfang war die Erinnerung beziehungsweise die Suche nach der Erinnerung. Denn es kann mir hier keiner erzählen, dass er nicht überlegt hätte, welche heiße Nummer für die gedeihende Frucht der Liebe im Leib verantwortlich war. War es die glutheiße, hemmungslose Sangria-Chupa-Playa-Fiesta, die im Appartement wollüstig, voll- und liebestrunken und überhastet noch VOR dem Bett endete? Oder war es die lauwarme und halbgar vorgetragene Eintopfnummer im extrem hellhörigen Doppelzimmer des Waldhotels Hubertushof, wo die Schwiegermutter ein geschlagenes Wochenende lang den langweiligsten siebzigsten Geburtstag der Welt gefeiert hat?

Jaja, Glanz und Elend liegen dicht beieinander, manchmal sogar nur eine Woche auseinander. Deswegen ja auch der Versuch des exakten Bestimmungsdatums. Schließlich soll einen das Kind ja auch lieber an Sonne, Strand und Don Juan erinnern als an den Wildschweinpark Olfen. Wie war das noch mal: Hat nicht mein Schatz mitten in der zügellosen Leidenschaft versucht, mit seinem Hirn die rationale Hoheit über seinen entfesselten Leib zu erlangen? Jedenfalls beharrt er bis heute darauf, dass sein brünftiges Stöhnen auch noch die Worte »Meinst du nicht, wir sollten ein Kondom nehmen?« enthielten. Die kluge Ehefrau schweigt, weil sie weiß, dass eh keine Kondome im Haus waren, weil sie die vorher alle entsorgt hat. Schließlich war der Plan ja, ein Kind zu kriegen und keinen Radiergummi.

Der Plan, ein Kind zu kriegen – also der hormonelle Marschbefehl –, zieht natürlich auch gewisse Konsequenzen nach sich: Machen wir uns nichts vor: Wenn so ein mütterliches Ei von der männlichen Streuflinte getroffen werden soll, empfiehlt es sich einfach, die Rattermaschine ein bisschen häufiger anzuschmeißen und nicht nur einmal im Monat. Frei nach der Devise: Viel hilft viel.

Irgendwann läuft dann hoffentlich intern ein biologisch hoch komplizierter Befruchtungsvorgang ab, den ich der Einfachheit halber an dieser Stelle mit folgenden Worten kurz zusammenfassen möchte:

Treffer. Versenkt. Schwanger.

Nun gibt es ja zwei Sorten von Müttern. Die einen merken erst, dass sie Kinder haben, wenn sie zur bestandenen Abifeier eingeladen werden – die anderen haben von Anfang an eine Ahnung und spüren, dass was anders ist.

Ich war ganz klar von der zweiten Sorte. Es fing eigentlich ganz harmlos an. Als ich beim Aufräumen in einer alten Umzugskiste mein völlig verfilztes und totgekuscheltes Schmusepony »Flecki« wieder entdeckt habe, bekam ich so einen dicken Kloß im Hals und musste den ganzen Tag mit dem Viech auf dem Arm rumrennen. Jedes Mal, wenn mein Mann sagte: »Lisa, jetzt leg doch mal diesen versifften Bakterien-Flokati weg!«, bekam ich eine hysterische Heulattacke und wimmerte unter Schluchzen: »Lass mich in Ruhe, das verstehst du nicht.«

Am selben Abend wurden die Zeichen dann ziemlich deutlich. Seit Jahren steht im Hause Feller das sonntägliche Abendfernsehprogramm nicht zur Debatte. 20 Uhr: Tagesschau. 20.10 Uhr: Bereitstellung der unabdingbaren Verpflegungsutensilien. Eine Tasse Bier für den Liebsten und für mich meinen heißgeliebten Rotwein »Chateau Veuve Neuve« (gesprochen: wöff nöff). Dazu – ganz wichtig – die alte abgestoßene Porzellanschüssel mit abgeblättertem Goldrand von meiner Urgroßmutter, randvoll mit Chipsfrisch (nicht verhandelbar). Falls sich jetzt irgendeiner fragen sollte, warum der Goldrand der Schüssel abgestoßen ist – ich weiß es auch nicht. Meine Mutter behauptet, dass ihre Oma, also meine Urgroßmutter, im Krieg nicht auf ihr heißgeliebtes Danziger Goldwasser verzichten wollte. Also hat sie der Legende nach mit einer guten Solinger Nagelschere sämtliche Goldränder ihres Rosenthal-Services feinsäuberlich angekratzt, um den selbstgebrannten Schwarzmarktkorn damit in edles Goldwasser zu verwandeln. Denn eines wollte sich die alte Dame von den schwierigen Zeiten nicht zerstören lassen: ihren Stil und ihre Würde. Und darum gehört diese Schüssel für mich zu einem schönen Sonntagabendritual. 20.15 Uhr: »Tatort« gucken. Selbst wenn Inga Lürsen ermittelt. Oder der Wiener Tatort. Auch langweilig. Egal. Wird trotzdem geguckt.

Aber an diesem Abend sollte alles ganz anders kommen. Zufällig pflanzte sich mein Süßer in seiner manchmal etwas bräsigen Fläzigkeit mit seinem allerdings äußerst attraktiven Hinterteil auf die Fernbedienung, die auf unserer einzigen Lieblingscouch lag. Zack! Da lief auch schon das Zweite Deutsche Fernsehen mit Lotta Mölmström oder

Siv Lundqvist oder watt weiß ich, wie diese Sonntagabend-Schmalzserie da heißt. Während der Süße verzweifelt nach der Fernbedienung suchte, starrte ich wie gebannt auf das Drama, das sich auf der sattgrünen Wiese an steiler Klippe abspielte. Ein total süßer Berner Sennenhund jagte mit tapsigen Pfoten einem gelben Plastikball hinterher, den eine wunderhübsche junge Frau im Rollstuhl geworfen hatte. Meine Augen füllten sich unerklärlicherweise sofort mit Tränen.

»Ey«, brüllte Monsieurs Stimme unsensibel neben mir, »mach mal den Scheiß da weg. Tatort geht grad los. Wo ist denn die verdammte Fernbedienung? Manno!« Zielsicher griff ich unter sein Hinterteil nach der schwarzen Kommandozentrale. »Nichts da, hier wird gar nicht umgeschaltet. Das interessiert mich. Wenn du deinen blöden Krimi gucken willst, dann geh doch ins Schlafzimmer und guck auf dem kleinen Fernseher. Immer dieser Mord und Totschlag am Sonntag! Irgendwann ist doch echt mal gut.« So perplex hatte ich meinen kleinen Hobbykommissar noch nie gesehen. Den Mund weit offen wie der Elbtunnel und das Bier verunsichert in der Hand trollte er sich ins Schlafzimmer, irgendetwas wie »Wohl deine Tage, was?« murmelnd.

Kinners, heute weiß ich natürlich: Genau DAS war es eben nicht. Ich war schlicht und ergreifend schwanger. Und das erklärt auch, warum ich dieser üblen Schmonzette nichts an gesundem Menschenverstand entgegenzusetzen hatte. Die schwangerschaftsbedingte Hormonumstellung hatte mich praktisch über Nacht wehrlos gemacht. Derartig fremdbestimmt musste ich den ganzen Film selig und heulend zu Ende gucken!

Um es kurz zu machen: Die junge Frau im Rollstuhl hieß Mary und wurde durch einen fremdverschuldeten Autounfall aus ihrer wahnsinnig erfolgreichen Topkarriere gerissen. Alle Freunde wandten sich natürlich sofort von ihr ab. Nur ihr lieber Großvater schenkte ihr kurz vor seinem plötzlichen Tode noch seinen treuen Gefährten, den supersüßen Berner Sennenhund Balou. Als Balou von einem bösen Nachbarn vergiftet wurde, konnte Mary in ihrer Verzweiflung plötzlich wieder gehen und das arme Tier in letzter Rettung zum Tierarzt tragen. Überflüssig zu sagen, dass sie am Ende den Tierarzt auf der Klippe geheiratet hat und Balou dem bösen Nachbarn gerechterweise ein Bein abgebissen hat, worauf dieser völlig geläutert wurde und von Mary und Dr. Jackson immerhin noch Marys alten Rollstuhl geschenkt bekommen hat. Weil sie den ja nicht mehr brauchte! So oder so ähnlich muss es gewesen sein. Ich kann mich nicht mehr allzu genau an Details erinnern, weil ich ja alles letztendlich nur durch einen verquollenen Tränenschleier wahrgenommen habe.

Kurz nach Ende des Films stand mein Schatz immer noch völlig erschüttert in der Tür. »Lisa, ich mach mir Sorgen um dich. Wenn du so heulst, dann kann es dir doch nicht gut gehen. Komm, sollen wir irgendwas aus der Apotheke holen?« Leute, da hat es dann bei mir klick gemacht, und die Räder sind eingerastet. »Ja, Liebling, das ist eine gute Idee. Lass uns mal schnell zur Apotheke fahren.«

Der Apotheker hat nicht schlecht gestaunt, als ich ihm um halb elf an einem Sonntagabend händeringend erklärte, dass er dringend und doch bitte bitte eine Ausnahme machen sollte, um mir einen Schwangerschaftstest zu geben. Aber wenn es um solche dringenden Lebensfragen wie »schwanger oder nicht schwanger« oder überhaupt um Babys geht, dann haben auch müde, nachtdienstgeplagte Apotheker ein Herz aus Gold.

Im Auto fragte mein Göttergatte: »Und, was hat er dir empfohlen?« Wortlos drückte ich ihm den Schwangerschaftstest in die Hand. Da wurden die Augen von meinem Schatz so groß und lieb wie die von dem süßen Berner Sennenhund. Nach Hause fahren, den Test machen und gebannt auf das Sichtfenster gucken dauerte gefühlt eine kleine Ewigkeit. Als die beiden Striche rosa wurden, haben wir eine Stunde lang stumm nebeneinander gekuschelt und zur Abwechslung zusammen geheult. Vor Freude. Endlich schwanger.

Being schwanger

Von Mode bis Appetit – ab jetzt wird alles anders.

Kennen Sie den Film »Being John Malkovich«? Falls nicht – macht nix. Denn ich drehe bald auch einen Film: »Being schwanger«. Und der muss einfach ein Erfolg werden, weil es ja mindestens 20 Millionen Mütter in Deutschland gibt, die genau wissen, wovon ich rede beziehungsweise der Film handeln wird. Am Anfang der Schwangerschaft sollte man nämlich – und das ist meine feste Überzeugung – am besten immer das Attest, beglaubigt vom Bundesverfassungsgericht (endlich mal die Gelegenheit, einen meiner absoluten Lieblingssätze unserer klagewütigen Toleranzgesellschaft unterzubringen: »Ich gehe nach Karlsruhe!«), in der Tasche haben. Weil es ja sonst keiner glaubt.

Da werden Augen aufgerissen, Stimmen eine Oktave höher geschraubt und voll inbrünstiger Überraschung gerufen: »Du bist schwanger? Eeeecht? Waaaas? Aber man sieht doch gar nichts.« Ja, was soll man denn da am Anfang auch schon sehen? In den ersten drei Monaten ist die Frucht der Liebe ja auch nicht größer als ein kleiner halber Finger. Ich meine: Dass Männer in ihrer grenzenlosen Beschränktheit so denken, ist klar. Die finden es normal, dass etwas Kleines von jetzt auf gleich riesengroß wird. Wobei riesengroß doch manchmal auch eher wieder was mit dem kleinen Finger zu tun hat. Na ja, Männer halt. Aber eine Frau? Gut, es gibt ja ein paar Frauen aus der Eso-Fraktion, die wie ein Emotions-Seismograph das veränderte Energiefeld einer Schwangeren penibel registrieren: »Du, das hab ich gleich gespürt, du. Du strahlst so ein Glück aus, so 'ne innere Freude. Du, deine Augen. Wahnsinn. Das ist sooo intensiv.«

Natürlich, die innere Freude gebe ich seit drei Wochen permanent jeden Morgen an die Toilette weiter, weil mir einfach nur dauernd speiübel ist. Und klar, richtig, genau darüber bin ich wahnsinnig glücklich.

Absurd finde ich aber auch, dass unzählige Menschen (meistens ist es sogar die eigene Mutter!) die albernste aller Fragen stellen: »Herzlichen Glückwunsch, Kind, wie konnte das denn passieren?« »Ja, Mama, wie konnte das passieren? Guck mal, es gibt Blumen und Bienen.« Das fasst man doch nicht, oder? Ich hab mich wirklich gefragt, ob sie das ernst meint. Und gleichzeitig ist mir klar geworden, dass ich aus dem Elternschlafzimmer meistens kein anderes Geräusch gehört habe als das Aus- und Anknipsen der Nachttischlampen. Und hatte nicht meine Oma auch zu mir gesagt, als ich klein war: »Da hat uns der Klapperstorch was ganz Feines gebracht!«? Und jetzt diese Frage »Wie konnte das passieren?«! Die Kriminalpolizei rät: Sachdienliche Hinweise nimmt jede Polizeidienststelle entgegen.

Und dann haben wir natürlich noch die dritte Reaktion. »Waaaas? Echt? Schwanger? Puuh! Ähm … wie alt bist du noch mal?« Das sind die Momente, wo man sich an den einzigen Jean-Claude-Van-Damme-Film erinnert, den man jemals gesehen hat, wo er irgendeinem Bösen den Kopf zwischen den Ohren wegtritt. Wobei er das, glaube ich, in jedem Film getan hat. Und sowieso nie eine andere Handlung in seinen Filmen vorkam. Ich glaube, der Film hieß »Der Allemacher« oder so. Was für eine Unverschämtheit!

Bin ich etwa Oma Pervers? So 'ne Art Lustgreisin, die aus Versehen schwanger geworden ist? Hallo? Ich bin Anfang dreißig! Na gut, Mitte. Und noch ist mein Körper keine Pflegestufe drei. Ich kann mich nachts noch alleine umdrehen, und der Einzige, der nachts mal aufn Topf muss, weil der Granufink zwitschert, ist mein Mann, wenn er einmal im Monat seine Krombacher-Diät macht.

Das wahre Martyrium allerdings beginnt erst, sobald ein Schwangerschaftsbauch sichtbar wird. Und viele, wenn nicht sogar alle, meinen, sie müssten durch Handauflegen mein Kind segnen. Oder gar wie die Harlem Globetrotters so eine Art Tätschel-Dribbling zelebrieren. Als ob so ein empfindlicher Babybauch ein schrammeliger Basketball wäre!

Manchmal hatte ich bei meinem ersten Kind Angst, dass es mit einer Streicheldelle geboren wird. Oder am Kopf an einer Stelle keine Haare sind, weil da die tausend Hände drübergewedelt sind. Aber es lässt sich nicht verhindern, es ist wie ein Zwang. Selbst ich habe mich dabei erwischt, wie ich meiner besten Freundin eine gefühlte halbe Stunde den Bauch durch die Stadt getragen habe, bis sie gesagt hat: »Lisa, du kannst ruhig loslassen, der Bauch fällt nicht hin.« Ich glaube, der einzige Grund, warum viele schwangere Frauen Latzhosen tragen, ist die irrige Annahme, man könnte den Bauch dahinter verstecken und damit den Streichelzoo umgehen. Womit wir schon beim nächsten Desaster sind. Schwangerschaftsmode. Begleiten Sie mich durchs Prénatal der Tränen. Ulla Popken, Big is beautiful oder Mode für Mollige – alles ganz toll. Aber unbrauchbar für Schwangere. Weil fett sein eben nicht schwanger ist.

Obwohl das leider auch sehr viele verwechseln. Jeder kennt ihn, den gefürchteten Moment. Da hat man eine alte Bekannte lange Zeit nicht mehr gesehen und begrüßt sie im hektischen Kassengewühl eines Discount-Supermarkts mit der freudigen Frage »Wann ist es denn so weit?«. Leider hat man diese blöde Frage mit einer eindeutigen Kugel-Handbewegung vorm Bauch unterstrichen, sodass ein verzweifeltes Neuauslegen der ursprünglichen Frage in Richtung »Also, ich meine jetzt … Äh … wann ihr heiratet?« völlig ausgeschlossen ist. Die Gedemütigte begeht dann meistens den nächsten Kardinalfehler und antwortet auf diesen Fauxpas mit: »Nee, ich bin nicht schwanger«. Warum kann man das nicht einfach weglachen, die Schnauze halten und sich still über diese blöde Frage ärgern? Nein, stattdessen wird geantwortet »Nee, ich bin nicht schwanger«, was wiederum dazu führt, dass man gequält zurücklächelt und irgendwas murmelt wie: »Tjaha, sorry, die dicke Daunenjacke, da dachte ich …« Blöd nur, wenn man im selben Augenblick feststellt, dass das eigentlich keine Daunenjacke ist, sondern eine ungefütterte Steppjacke. Sie werden sicherlich schon gemerkt haben, dass ich an dieser charmanten Szene beteiligt war, sonst hätte ich sie so dezidiert ja nicht wiedergeben können. Deswegen erzähle ich Ihnen auch jetzt, wie elegant ich die megapeinliche Situation souverän gerettet habe. Ich habe einfach laut »Huch, jetzt hab ich Doofi doch glatt die Eier vergessen!« gerufen. Dann hab ich mich umgedreht, hab den Wagen an der Kasse stehen lassen und bin klammheimlich durch die Pfandannahmestelle auf Nimmerwiedersehen verschwunden. Blöd nur, dass das eigentlich mein Haupteinkaufsladen war, weil der bei uns so schön um die Ecke ist. Egal. Man muss auch Opfer bringen können.

Gerade bei der Schwangerschaftsmode, um mal zurück zum Thema zu kommen. Außer der ollen blauen Jeanslatzhose und dem wahnsinnig originellen Trick, sich ein paar Oberhemden vom Süßen anzuziehen, bleibt auch nicht viel übrig. Es gibt unfassbar tolle Sachen, aber die können sich nur Heidi Klum und Gwyneth Paltrow leisten. Mutti Normalverbraucher – also du und ich –, wir müssen uns überlegen, ob wir das ganze Geld lieber in den neun Monaten VOR der Geburt oder in den achtzehn Jahren NACH der Geburt ausgeben wollen.

Apropos Geld. Da gibt es auch noch eine Panikfalle. Irgendwann, wenn man schwanger ist, liest man, dass ein Kind bis zum 18. Lebensjahr ca. 120 000 Euro kostet. Wenn man dann treuherzig seinen Gatten fragt »Haben wir die?« und er verständnislos mit »Hä?« antwortet, ist auf jeden Fall einer der gefürchteten Schwangerschaftsheulflashs die unmittelbare Folge. In diesem Falle dauerte er fast länger als 24 Stunden, weil mir dann auch noch einfiel, dass man ja eigentlich zwei Kinder haben will. Aber ich glaube, dem Heulen in der Schwangerschaft muss ich noch ein eigenes Kapitel widmen.

Apropos Heulen: Wenn man dann mal ein schönes Teil gefunden hat bei H&M oder C&A, dann ist es auf jeden Fall quergestreift, denn Schwangerschaftsoberteile sind IMMER quergestreift. Wo doch jeder weiß, dass Längsstreifen schlank machen! Sieht man ja bei Obelix. Ehrlich, Leute, das Oberteil ist noch das geringste Problem. Das Wasser in den Beinen macht das Thema Schwangerschaftsschuhe erst richtig zum schrecklichen Alptraum. Ugg Boots wären toll, schade nur, dass ich im Hochsommer niedergekommen bin und zu dem Wasser in den Beinen nicht auch noch zusätzlich Wasser in den Schuhen haben wollte.

Meistens tötet man den Frust über diese gesamte Ansammlung von Kollateralschäden, indem man sich voll und ganz seinen Fressattacken hingibt. Die wiederum sind eine echte Belastungsprobe für die Beziehung. Denn man muss selbst Sonntagnacht um halb eins seinem Liebsten klarmachen, dass man nur weiterleben wird, wenn er SOFORT vom Bahnhof einen Döner mit viel Zwiebeln besorgen wird. Oder eine Bratwurst mit Silberzwiebeln. Die allerdings von »Kühne« sein müssen. Von den anderen musste ich nämlich immer kotzen. Achtung, kleiner Tipp von meinem Mann: In Venlo, an der niederländischen Grenze gibt es eine Tankstelle, die genau diese Silberzwiebeln im Sortiment hat. Das hat er nämlich glücklicherweise bei einer seiner diversen nächtlichen Irrfahrten herausgefunden.

Ansonsten noch ein kleiner Tipp: Falls Sie im Dezember schwanger werden, kaufen Sie schon mal vorsichtshalber auf dem Weihnachtsmarkt ein paar Leckereien zusammen (Paradiesapfel, Lebkuchenherz, Schokoweintrauben, Zuckerwatte) und frieren das ganze Zeug stumpf ein. Sobald Sie im Frühling eine Heißhungerattacke bekommen, können Sie auf das süße Gedöns in der Truhe zurückgreifen. Wenn die Fressattacke dann im Anmarsch ist, hat man zwar mit Sicherheit auf alles andere Lust als auf den Kram in der Kühltruhe. Aber es beruhigt einfach zu wissen: Zur Not wäre es da! Obwohl, ganz ehrlich, Hand aufs Herz – einmal hab ich mir tatsächlich den Kirmesbudenkram aufgetaut. Was soll ich sagen – so ein Nogger von der Tanke hält einfach die Form besser als eine aufgetaute Zuckerwatte aus der Mikrowelle. Das musste sogar mein Schatz einsehen, nachdem er die trübe Glukosesuppe auf dem Drehteller inspiziert hat (den Teller mussten wir übrigens wegschmeißen, die festgebackene klebrige Zuckermasse ging selbst mit Hammer und Meißel nicht ab, ohne ihn zu zerstören).

Jaja, »Being schwanger«. Das wird ein cineastisches Meisterwerk. Lustig, tragisch und voller Wahnsinnsemotion! Und alle, die schon einmal schwanger gewesen sind, wissen, dass ich gerade mal ein Achtel des Eisbergs gestreift habe. Über eine Fortsetzung wird nachgedacht. Denn das Schöne ist: Bei der zweiten Schwangerschaft ist alles völlig anders. Vielleicht. Überzeugen Sie sich selbst. Demnächst in Ihrem Kino.

Das Beste fürs Kind

Die Qual der Wahl beim Kinderkram-Kauf.

Wir sind ein freies Land. Hier kann jeder machen, was er will. Ich möchte niemandem vorschreiben, wie er sein Kind nennt. Und selbst Namenskreationen wie Harald-Justin oder Shania-Elvira verstoßen höchstens gegen persönliche Geschmacksgrenzen. Ob Mädchen Fußball spielen oder Jungs sich eine Elfenbarbie wünschen – das alles dient der freien Willensentfaltung und dem Weg, den der liebe Gott für unsere lieben süßen kleinen Erdenbürger vorgezeichnet hat. Ich laufe allerdings geistig Amok, wenn ich Sätze von Vätern höre wie neulich beim Kita-Karneval: »Der soll doch werden, was er will. Und wenn sie schwul werden, watt willste machen? Muss es auch geben. Können die ja auch nichts für – die sind halt krank.« Schwer erschüttert angesichts dieses Niveau-Limbos, fragte ich dieses wandelnde Intelligenzvakuum nach der Verkleidung seines Sohnes. »Es« platzte vor Stolz: »Och, du kennst doch den Maurice. Der findet doch Superschtars so toll. Der wollte unbedingt als Mark Medlock gehen.« Guck an, guter Gott der Gerechtigkeit!

Jeder Jeck ist anders. Aber eins ist klar, wenn ich Bundeskanzlerin wär, dann gäb's nur Pampers. Ich hab sie alle durch. Babylove, Babydream, Vibelle, Mamia, die Fixies und Foxies und wie sie alle heißen. Getrieben vom mütterlichen Ehrgeiz, das Haushaltsbudget ökonomisch zu verwalten, damit Mutti am Ende des Monats mit den gesparten Haushaltstalern auch den Zalandomann glücklich machen kann. Also habe ich die gesamte Windelvielfalt unseres Konsumkapitalismus von meinem Sohn durchpinkeln lassen. Jaja, ich weiß, was mir werdende Erstmütter jetzt sagen wollen: »Du, Lisa, das ist für mich so voll nicht das Thema so, ich werde da nämlich einfach Stoffwindeln nehmen. Ich mach diesen PVC-Terror echt nicht mit. No way. Das ist für uns einfach 'n absolutes No-Go.« Ach ja? Soso.

Wer einmal die erfrischend weiche, mittelflüssige Konsistenz eines ökologisch korrekten Muttermilchstuhls, warm gesessen und durch sämtliche Klamotten durchgesickert, entsorgt hat, ändert seine Meinung wahrscheinlich genauso schnell wie ich. Ich möchte hier in aller Deutlichkeit noch mal über die Beschaffenheit der Ausscheidung sprechen. Im ersten Moment denke ich an Kürbiscremesuppe, aber das trifft es nur unzureichend. Es ist eher Kürbiscremesuppe mit einem Schuss Gartenerde und schleimigen, vergorenen Pfirsichbreikaulquappen. Gepaart mit einem beißenden, leicht stechenden Geruch, entwickelt dieser Stillstuhl die unangenehme Fähigkeit, sich siebdruckartig durch weiße Baumwollbodys und himmelblaurosafarbene Nickistrampler zu matschen. Was wiederum eine Komplettreinigung des Kindes mit Handdusche und Babyeimer (der ganze Rücken war auch voll. Bis zum Haaransatz!) und der kompletten Stoffwindeltakelage erforderlich macht.

Wer meint, er hätte vier- bis fünfmal am Tag genug Zeit und Geld für solche Sperenzchen, dem gratuliere ich zu seinem reinen Ökogewissen und sage: Selbst schuld. Ich nehme einfach eine neue Pampers und schmeiß die Bodys weg. So 'n Body kostet doch nichts. SCHERZ! In Wahrheit schmeiß' ich nur die Pampers weg und wasch die Bodys natürlich. Und bin froh, dass Dreiviertel in der Windel geblieben sind. Ich weiß, dass Pampers die teuersten sind. Noch mal: Ich habe völlig verzweifelt alles andere probiert, und es nutzt nix. Und nein, ich kriege leider kein Geld von Pampers. Noch nicht mal Freiwindeln oder B-Ware zum Vorzugspreis (kleine Materialfehler, fehlender Verschluss o. ä.). Fazit: Ich halte es mit Tina Turner, die da singt: »Simply the best!«

Mit dieser Einstellung geht die bereits erfahrene Mutter nun natürlich auch einen Kinderwagen kaufen. Wie soll er denn wohl sein? Marke egal, Hauptsache gut. Oder einfach der Beste, ist ja logisch!

Im Vorfeld wurde das sagenumwobene Internet in seiner unendlichen Weite und Weisheit nach guten Vorschlägen und Testergebnissen durchforstet. Stiftung Warentest und Ökotest werden natürlich sträflich ignoriert. Solche plumpen Tests beleidigen meine Intelligenz. Wenn du mich fragst, stecken die mit der Kinderwagenindustrie unter einer Decke. Man weiß doch, wie so ein Test-Ranking zustande kommt. Eine Hand wäscht die andere so lange, bis beide dreckig sind. Und dann behauptet irgendeiner »der-die-das ist das Beste«. Dass ich nicht lache. Angeblich sollen ja auch Pampers die besten Windeln sein. Wer's glaubt, wird selig. Die wahre Objektivität findest du nur in diesen zahlreichen Elternforen. Wo Mütter ihre wertvollen, unter Entbehrungen gemachten, Praxiserfahrungen in den Dienst der Allgemeinheit stellen. Für mich ein Stück weit gelebter Wissenssozialismus. Eine für alle, alle für eine. Da schreibt zum Beispiel Honigbienchen73 im Stramplerforum:

»Huhu, ihr Süßen, hab mir gestern den Hartan Racer gekauft. Suuuupicool. Kann ich nur empfehlen. Lässt sich toll schieben, und der kleine Wurm fühlt sich echt wohl. Oder was meint ihr?«

Auf diese Frage meldeten sich noch Marienkäfer, Lätzchenmutti und Lovelace69. Während die ersten beiden ins selbe Horn wie Honigbienchen73 tuteten, behauptete Lovelace69 steif und fest, dass das Ding total »scheiße« wäre und noch nicht mal gehalten hätte, als sie und ihr Mann ... ach komm, ich erspare mir und euch Details dieser nicht sachgemäßen Zweckentfremdung eines anständigen deutschen Babyzubehörs *Made in China*.

Also hab ich zu meinem Süßen gesagt: »Du kennst dich doch aus mit Autos. Jetzt kannste mal zeigen, warum du jahrelang diese blöde ›Auto, Motor & Sport‹ im Abo hattest.« Diese zugegebenermaßen nicht ganz wertungsfrei getätigte Aussage veranlasste meinen lieben Schatz seinerseits zu einer unfreundlichen, aber seiner Meinung nach völlig wertungsfreien Antwort: »Samma, tickst du noch ganz sauber? Das Einzige, was ein Kinderwagen und ein Auto gemeinsam haben, sind vier Räder.« – »Gut«, sag ich, »dann ist das unsere gemeinsame Basis. Farbe und den Rest entscheide sowieso ich.«

Zehn Minuten später standen wir im Showroom des »Kids 'n Stuff & mehr«-Ladens im Industriegebiet an der B63. Ja, da standen sie alle. Fein in Reih und Glied. 20 Hartan Racers, 43 Hartan Skaters, 12 Quinnys, 23 Teutonias und so weiter.

Außerdem noch ein Modell, das ehrlich gesagt ziemlich hässlich war, aber dadurch mein Mitleid auf sich zog (der Arme!). Auf meine Frage, ob das Einzelstück da reduziert wäre, fiel die Verkäuferin in eine vorgetäuschte Ohnmacht. »Aber junge Frau! (So werde ich am liebsten angesprochen. Schade – immer, wenn man seine 45er Magnum mal braucht, hat man sie nicht dabei.) Das ist ein Bugaboo! Ein ganz exklusives Modell, den haben doch die Heidi Klum und die Gwyneth Paltrow. Haben Sie denn nicht die Fotos in der letzten ›Gala‹ gesehen? Da sind die Leute mit der Zeitung in den Laden gestürmt und haben uns die Dinger aus den Händen gerissen! Der kostet natürlich auch.« »Auch« war in diesem Falle mit allem Zubehör satt vierstellig.

Mit der Panik im Genick, den Zalandomann über ein Jahr nicht zu sehen, hörte ich mich mit fester Stimme sagen: »Wissen Sie was, das ist mir doch egal, wer den hat. Ich nehm da hinten den Kiddy Allstar für 199 Euro inklusive Regenplane.« Achselzuckend, ja sogar fast feindselig entgegnete mir Miss Moneypenny kühl: »Natürlich. Sehr gerne. Das muss ja jeder selber wissen, was ihm DAS wert ist!« Während ich vor Scham in den Boden versinken wollte, weil mir klar war, dass mit DAS natürlich mein kleiner Augapfel gemeint war, meldete sich mein großer Augapfel energisch zu Wort: »Moooooooment! Wir nehmen den Heidi-Klum-Kinderwagen.« Und zu mir gewandt: »Ich hab doch gesehen, wie deine Augen geblitzt haben. Du bist doch meine Heidi Klum. Und Hauptsache, du bist glücklich!« Dass ich beim Augenblitzen eigentlich an den Zalandomann gedacht habe, habe ich mal elegant untern Tisch fallen lassen. Denn mit seiner souverän vorgetragenen und überaus großzügigen Entscheidung hatte mein Mann mal eben so drei Menschen glücklich gemacht: Miss Moneypenny war ihr Restexemplar losgeworden, mein Schatz brauchte keine Minute länger in dem Babytempel zu verbringen, und mein Sohn darf seitdem mit einem waschechten Promikinderwagen durch die Gegend fahren.

Fazit: Das Richtige fürs Kind? Keine Ahnung! Das Beste ist nicht immer das Richtige, das Richtige nicht immer das Beste und das Teuerste auch nicht. Was weiß ich, muss doch jeder selber wissen. Ich weiß nur eins: Pampers sind die Besten. Basta. Punkt aus. Wenn Sie mich fragen. Ehrlich. Oder?

»Spieglein, Spieglein an der Wand!«

Neid und Vorurteile lohnen sich einfach nicht. Unterm Strich ist das Leben gerecht!

Früher gab es immer eine in der Klasse, oder später auf der Uni, die alle nur »einfach geil« fanden. Klar, die sah natürlich immer ganz okay aus – also schon 'ne gute Figur, lange schlanke Beine, keine Fucking-(sorry!) Cellulite, keine Hautprobleme und (also mir wär's zu viel) Riiiesendinger. Die muss umgekommen sein vor Rückenschmerzen! Allerdings fand sich stets ein Heer von unzähligen männlichen Freiwilligen, die ihr gerne zeitweise beim Tragen dieser Last geholfen hätten. Die konnte auch nach zwei Tagen akutem Brechdurchfall ausgezehrt wie Gandhi in der Uni auftauchen und wurde trotzdem von einem Rudel überfüllter Testosterontanker angebetet.

So eine war Chrissy. DIE Chrissy. So nannte sie sich nämlich immer selber. »Huhu, die Chrissy hier!« Ganz ehrlich, beim Jochen stört es mich überhaupt nicht, dass er DER Jochen ist. Auch bei der DIE Claudi nicht. Aber wenn DIE Chrissy nur ihr hübsches, zartes, elfengleiches Mündchen aufmachte, um zum hundertsten Mal einen Anruf entgegenzunehmen und mit auf Rosen gebetteter Stimme in ihr Handy zu flöten »Huhu, DIE Chrissy hier!«, dann habe ich mir immer diese Szene aus »Jurassic Park« herbeigewünscht, in der der T-Rex die Ziege einfach wie ein Chicken Nugget eingeatmet hat. Zur Strafe. Weil DIE Chrissy nämlich hätte wissen müssen, vor allem als Germanistikstudentin (ach, war die schlau, DIE Chrissy), dass Vornamen in der deutschen Sprache ohne bestimmten Artikel stehen. Na gut, ich weiß, dass ich das Ganze vielleicht ein bisschen überspannt sehe. Aber, ganz ehrlich, es war doch egal, welchen Jungen ich gerade süß fand, er stand mit Sicherheit auf DIE Chrissy. Er fragte mich garantiert irgendwann: »Sag mal, DIE Chrissy, kann ich mir da Chancen ausrechnen?« Egal, welche Semesterparty, ich glaube, nur wegen DIE Chrissy wurde das Abklatschen beim Klammerblues erfunden.

Eine meiner größten Demütigungen in meinem amourösen Dasein fand auf einer Bad-Taste-80ies-Party statt: Mein Schwarm Michael Quasthoff stand zufällig mit mir beim Caipirinha-Stand, als Richard Sanderson den La-Boum-Schmachtfetzen »Reality« durch die Boxen sülzte. Ich konnte es kaum glauben, als Michael meine Hand nahm und mir ins Ohr flüsterte: »Lass uns tanzen!«. Und dann tanzten wir. Die Augen zu, mein Körper fest an seinen gedrückt, fühlte ich mich im siebten Himmel. Unsere Tochter würden wir »Sophie« (Marceau!) nennen, unseren Bernhardiner »Bootsmann« (Saltkrokan), und wir würden ein Strandhaus am Strand haben. Weil man am Strand eben einfach Strandhäuser hat. Und während ich glückselig mit zitternder körperlicher Erregung vor mich hinträumte, merkte ich gar nicht, dass Michael zielstrebig in Richtung DIE Chrissy schaukelte.

Und es kam, wie es kommen musste. Durch einen unsanften Rempler werde ich wach und schaue der DIE Chrissy ins Gesicht. Und kann nicht glauben, was meine Ohren hören. »Huhu Michi, also WIR müssen aber gleich auch mal tanzen!« Reflexartig ließen Michis Arme mich los, drängten mich ein Stück zur Seite, und dann sagte er diesen ominösen Satz, den ich nie vergessen werde: »Wow, Chrissy, klar, lass uns tanzen. Wir können jetzt tanzen, Lisa wollte eh grad aufs Klo.« Boah, was für eine miese Schlange. Überflüssig zu sagen, dass ich vom Klo nicht mehr zurückkam und den Rest des Abends heulend mit Britta am Fahrradständer verbracht habe. Ja, ja, dreams are my reality.

Damals habe ich natürlich fest geglaubt, dass ich nie wieder glücklich werden kann. Zumindest eine Woche lang. Danach ist mir nämlich schon mein Süßer über den Weg gelaufen. Und jetzt waren wir auch noch Champions League. Wir waren schwanger!

Ein absolutes Muss in jeder Erstschwangerschaft ist der gemeinsame Besuch eines Geburtsvorbereitungskurses. Das sind diese Kurse, wo eine launige Hebamme virtuos ein Plastikbaby durch die Luft wedelt und beim Auffangen frisch gewickelt hat. Ein Vorgang, den man selber beim ersten Mal in rekordverdächtigen 17 Minuten abgeschlossen hat. Ganz zu schweigen vom Hechelkurs, dessen komplette Sinnlosigkeit sich mir erst bei der realen Geburt eröffnet hat. Während ich nämlich vor Schmerzen den ganzen Kreißsaal zusammengebrüllt habe, hat mein Mann mit vor Schreck weit geöffneten Augen rührend was von »Vergiss das Atmen nicht, Lisa« gestammelt. Es tut mir im Nachhinein fast ein bisschen leid, aber mein ohnehin schon knapper Atem reichte gerade noch aus, um ihn mit einem unwirschen »Lass mich mit deinem Scheißatmen in Ruhe!« anzustöhnen.

Eigentlich sind das Interessanteste an diesen Kursen die anderen schwangeren Mütter. Weil man einfach nur glücklich ist, dass man mit seinen körperlichen Veränderungen (um es mal vorsichtig auszudrücken) nicht alleine auf der Welt ist. Ich werde nie vergessen, wie schockiert ich war, als in der zweiten Stunde die Tür aufging und eine unglaubliche Jahrmarktattraktion hereinkam. Das Gesicht teigig, strukturell erinnernd an die Erfurt Raufaser 52. Nur eben hier und da aufgelockert durch ein paar rote Pusteln. Oder Quaddeln. Was Ihnen lieber ist, suchen Sie sich was aus. Die Augen müde wie bei einer alten Elefantenkuh auf ihrem letzten Marsch zum sagenumwobenen Elefantenfriedhof. Die Haare, wenn man das Haare nennen möchte, wehten trist an ihr herunter wie ein ausgebürsteter Ako-Pads-Schwamm. In ihren Beinen war so viel Wasser wie im Möhnestausee, und die dazugehörige Staumauer hatte sie sich offensichtlich unter ihrer Latzhose um die Hüften gewickelt.

Kurzum: Sie gab allen anderen Schwangeren im Raum das Gefühl: So schlimm ist das alles gar nicht! Und in die staunende Stille sagt diese arme geplagte Kreatur: »Huhu, ich bin DIE Chrissy!« Für die nächste halbe Stunde konnte ich nicht mehr klar denken. Ich war im emotionalen Overload. Auf der einen Seite unfassbares Mitleid für die unbarmherzige Laune der Natur, auf der anderen Seite sprach eine feste Stimme in mir: »Das ist die Rache für Michael Quasthoff.« Es ist schön und verdammt noch mal auch nur gerecht, wenn auch Engel mal feststellen müssen, dass sie nur armes Geflügel sind.

Und der Typ, der dabei war! Die Sorte kennt man. Ich bin die Letzte, die Vorurteile hat, aber ich wiederhole mich gerne: Die Sorte kennt man. Durchtrainierter Body, ein Tacken zu braun, im albernen Superdry-Hoody. Wahrscheinlich nichts auf der Bank, aber gut im Bankdrücken. Viele Zweiwortsätze, und außer für Sport interessiert er sich hauptsächlich für Sport. Kultur kennen diese Männer doch nur vom Beutel. Halt so ein »Cliff«-Felsenspringer. Solche Flitzpiepen gehen gerne auch mal zu Douglas und wenden sich weltmännisch mit folgendem Satz an die Verkäuferin:

»Ich hätte gerne Cool Water von David Hasselhoff.« Klar, dass DIE Chrissy mit so einer Blendgranate rumläuft.

Und noch eine Frage ging mir natürlich durch den Kopf. Würde sie mich erkennen? Und wie kann ich der blöden Kuh ausm Weg gehen? Also versuchte ich mich am Ende des Kurses schnell an ihr vorbeizudrängen, um ja nicht in die Verlegenheit zu kommen, mit ihr ein paar Worte wechseln zu müssen. Zu spät. »Liiiiiisa, das gibt es doch gar nicht! Liiisa! Liiiisa Feller! Mensch, ich bin's, die Chrissy! Wahnsinn, wann haben wir uns das letzte Mal gesehen?« Und ohne dass ich es verhindern konnte, sprudelte es aus mir heraus: »Das kann ich dir ganz genau sagen, Chrissy. Das war auf der Bad-Taste-80ies-Party im Triptychon. Als Michael Quasthoff ...« Peinlich berührt, fiel sie mir ins Wort: »Oh mein Gott, genau. Dieser Idiot. Das war ja wohl das Mieseste, was ich je gesehen habe. Das war mir sooo peinlich. Ich hab dich hinterher überall gesucht, aber da war ja noch ein Riesentheater, weil ich dem Penner eine gescheuert habe und seine dämliche Adidasjacke mit Bier versaut habe. Das war mir sooo peinlich!« Natürlich glaubte ich ihr kein Wort.

Aber dann schaltete sich plötzlich auch noch »Cool Water« ein: »Ach, Lisa Feller, jetzt erkenn ich dich. Wir haben dich mal im Fernsehen gesehen, und da sagte die Chrissy noch, du warst früher im Studium schon immer so lustig.« Hm. Und dann legte DIE Chrissy ab, als gäb es kein Morgen. »Boah, Lisa, du bist so eine tolle Schwangere. Du strahlst eine Würde aus. Toll. Guck mich mal an! Ich sehe ja eher aus wie ein geplatzter Mettigel. Aber ist mir auch wurscht. Hauptsache, das Kind ist gesund.« Und lachte. Gar nicht so ein blödes DIE-Chrissy-Lachen, sondern eigentlich nur herzlich.

Darum nenne ich sie ab jetzt nur noch Chrissy. Ohne DIE. Denn wir sind dann noch mit ihr und »Cool Water«

Pizza essen gegangen und haben einen wunderbaren Abend zu viert verbracht. Ihr Typ war zwar wirklich nicht gerade eine Blitzbirne, aber wen interessiert's. Jedenfalls war er sehr nett und zu Chrissy unheimlich lieb.

Ja, Leute, man muss echt aufpassen mit seinen Vorurteilen. Und so manches Mal stellt sich heraus, dass die, die man jahrelang gepflegt hat – also die Vorurteile –, einfach nur falsch sind. Jedenfalls sind Chrissy und ich heute dicke Freunde, und unsere Kinder spielen regelmäßig und gerne zusammen. Neulich war ich mit ihr in der Stadt, und wir sitzen im Café Extrablatt. Auf einmal geht die Tür auf, und eine total verbastelte Tussi kommt rein, und Chrissy und mir bleibt der Atem stehen. Sandra Haferkamp! Spitzname »Die Matratze«. Und Chrissy und ich wussten sofort, da wurde offensichtlich schon einmal zu viel dran rumgeschnippelt. Leute, ganz ehrlich, Vorurteile hin und her, aber Sandra Haferkamp geht gar nicht. So!

»La Le Lu, vor dem Bettchen steh'n zwei Schuh', und die SIND GENAUUUSOOO MÜDE!«

Der Kampf ums nächtliche Durchschlafen und das Leiden in langen Nächten.

An dieser Stelle mal wieder ein offenes und ehrliches Wort. Ein Vater ist keine Mutter, und eine Mutter ist kein Vater. Und ich meine jetzt nicht die Anatomie des menschlichen Körpers. Ist mir schon klar, dass das jetzt nicht unbedingt der Rede wert wäre und hinlänglich bekannt ist, sowieso. Aber wenn wir schon die ganze Zeit über Kinder reden, muss man festhalten: Da kann es noch so viel Elternzeit geben und selbstbewusste Papis, die mit dem knallbunten Tragetuch vorm Bauch das Elternbild revolutionieren, irgendwo tief im Inneren bleibt eine Mutter eine Mama und ein Vater ein – nunja – Vater.

Wobei ich ganz deutlich klarstellen möchte: Ich finde es spitze, dass Väter immer mehr Verantwortung übernehmen und es immer selbstverständlicher wird, dass die Rollenbilder aufweichen. Wenn ich morgens in ein Café komme (um Geld für die Parkuhr vorm Kinderarzt zu wechseln, nicht weil ich Zeit für einen Kaffee hätte), und da sitzen vier Papis mit ihrem Nachwuchs, eingekesselt in einer Kinderwagenhochburg, dann finde ich das super. Und dass es als schon fast normal angesehen wird, auch. Ja, fast normal. Aber wir sind auf einem guten Weg dahin!

Der wirkliche Unterschied ist: Papis haben in den seltensten Fällen Ringe unter den Augen. Denn da kommen wir zum evolutionären Urtrieb, Urinstinkt oder was auch immer für ein Ur. Der nächtliche Schlaf. Und da beneide ich meinen Mann! Um diese selektive Wahrnehmung! Nebenan im Zimmer kann unser Sohn aus Leibeskräften schreien, dass er es lautstärkemäßig mit einem startenden Düsenjet aufnehmen könnte, und mein Mann: schläft! Da zuckt noch nicht mal was. Kein Wimpernschlag, kein Aufstöhnen! Wenn man immer so sagt: »Der schläft wie ein Baby.« Das ist völliger Quatsch. Wer schläft wie ein Baby, wacht alle zwei Stunden auf, will was essen und findet erst im Morgengrauen Schlaf. Es müsste viel eher heißen: »Der schläft wie ein Vater, der weiß, dass eine Mutter im Raum ist.«

Mein Mann und ich spielen zum Beispiel jede Nacht Elternmikado, kennen Sie das? Wer sich zuerst bewegt, verliert. Und ich verliere immer! Dabei würde er ja sogar gerne helfen. Wie oft hat er ganz hilfsbereit und eifrig angeboten: »Heute Nacht kümmere ich mich mal ums Kind. Du kannst dich entspannen. Ich mache das!«, um dann am nächsten Morgen selig mit dem Recken und Strecken zu beginnen und selbstgefällig festzustellen: »Na, also! Geht doch! Der hat durchgeschlafen.« – »Nein. Hat er nicht, Liebling. Durchgeschlafen hat nur einer: Du!«

Der Kerl kriegt gar nicht mit, was da nachts abgeht. Ganze Dramenzyklen werden geprobt und aufgeführt! Man muss natürlich fairerweise dazu sagen: Wir Frauen sind ja praktisch lebende Seismographen. Das Kind liegt im Nachbarzimmer. Und öffnet den Mund, um gleich loszuschreien. Bevor der erste Gluckser den Mund verlässt, erzeugt ja das Öffnen des Mundes schon eine Druckwelle, die sich bis ins Elternschlafzimmer trägt und uns Mütter sofort senkrecht im Bett stehen lässt. Zumindest innerlich. Und dann geht es los: Uäääuäääuäääääh! Und erst denke ich noch: »Oh, mein Schatz wollte ja aufstehen, ich bleib einfach liegen!« Nebenan wird das Geschrei mittlerweile so laut wie das Oktoberfest. Lauter ist nur noch das laute Schnarchen des großen Erzeugers auf der anderen Seite des Bettes. Was will er machen? Das Geschrei wegatmen? Bis ich wieder irgendwann aufgebe: »Ach komm, ich mach das eben. Bei mir schläft der ja wahrscheinlich eh viel schneller wieder ein. Wenn der Kleine mich erst mal riecht, meinen Herzschlag hört ... wahrscheinlich ist es so: Noch bevor ich bei La Le Lu das ›Lu‹ gesungen habe, schläft der wieder.«

Interessant, das mal Revue passieren zu lassen. Wie naiv ich damals war! Am Anfang habe ich das wirklich geglaubt. Ja klar, beim ersten Kind fühlt man sich noch wie eine Heilige, das Herz ist weit offen, die Endorphine fließen, die endlose Mutterliebe strömt im Überfluss durch alle Adern, und man produziert so viel Mutterglück, dass man es in dicke Scheiben schneiden könnte. In den ersten Wochen bin ich in das Zimmer gegangen und habe wirklich noch gedacht: »Alles ist gut, die Mami ist ja jetzt da.«

Man schnappt sich den kleinen Engel, hebt ihn auf den Arm und singt ganz süß: »La Le Lu, nur der Mann im Mond schaut zu ...« Alles richtig. Das einzige Problem: Der Kleine schläft einfach nicht. Und zwar schläft der richtig lange nicht. La Le Lu hat nur zwei Strophen. Ich habe sie aber inzwischen schon fünfundsiebzig Mal gesungen, und der schläft immer noch nicht, dieser kleine Satansbraten!

Da wird das Schaukeln auch schon mal ein bisschen schwungvoller. Was für Turnübungen man da an den Tag legt! Man probiert alles aus, in der Hoffnung, dass es irgendwie hilft. Storchengang, Fliegergriff, Wolkenschaukel ... einfach alles. Aber der schreit! Dieses kleine Aas. Und wie der schreit! Und so langsam wird man einfach nur sauer. Weil man nicht mehr kann. Und er noch lauter schreit. Dieses Mistblag. Das macht einen wahnsinnig! Ich würde den kleinen Schreihals am liebsten genauso anschreien: »Du bist satt, du bist warm, du bist frisch gewickelt, und du hast eine Mutti, die am Ende ist und La Le Lu singt! Also – WAS IST, WARUM SCHLÄFST DU NICHT???« Natürlich schreit man dann nicht. Ich habe vor Verzweiflung einfach oft nur noch stumm geheult. Am Anfang habe ich mich immer noch damit gerettet, dass das die gefürchteten Dreimonatskoliken sind. Aber dass die nach sechs Monaten immer noch am Start waren, das hat mich echt fertiggemacht.

Es ist ja auch nach zwei Stunden Rumgehopse und Geschaukel nicht so, dass nur das Baby einen Pups quer sitzen hat – nein, man selbst ja mittlerweile auch. Nach zwei Stunden Schunkelaugust-Performance haben sämtliche Muskelkrämpfe meine Oberkörpermuskulatur zu Knorpel werden lassen.

Was ich immer besonders fies fand: Irgendwann hatte der Schreier die Augen immer zu. Und man glaubt an das Prinzip Hoffnung. Ist das jetzt dieser Schlaf, von dem immer alle reden? Sollte er wirklich eingeschlafen sein? NEIN! Wahrscheinlich war ihm nur schlecht geworden von der ganzen elendigen Schiffsschaukelbremserei. Aber immerhin hatte ich mal einen kurzen Moment Ruhe. Nur dann fiel mir auf: Ich will ja jetzt nicht acht Stunden lang hier stehen bleiben, nur, damit das Baby schläft. Irgendwie muss das Kind vom Arm ja wieder ins Bettchen. Aber immer, wenn ich den gerade hinlegen wollte, machte er wie bei »Rosemary's Baby« PENG die Augen wieder auf. Als wenn die Matratze so einen Kontaktschalter hätte! Sobald der mit der Matratze in Berührung kam, ging das Gebrüll wieder los.

Nach fünf Stunden kannst du nicht mehr. Man ist hin-

und hergerissen zwischen Verzweiflung und totaler Erschöpfung. Das klingt jetzt auf den ersten Blick verrückt, aber ich habe in solchen Nächten wieder das Beten gelernt und das Hoffen auf ein Wunder: »Bitte, lieber Gott, lass ihn schlafen, bitte!« Und kurz bevor man selber erschöpft von seinem eigenen La-Le-Lu-Mantra eingeschlafen war, bemerkt man aus dem letzten offenen Augenwinkel: Da! Er schläft! Mein Gott, er SCHLÄFT!!! Jetzt bloß keinen Fehler machen. Gaaaanz vorsichtig ablegen! Gaaanz vorsichtig, nicht dass der wieder wach wird. Vorsichtig wie bei einer James-Bond-Atombombenentschärfung legt man das Kind in sein weiches Heiabettchen. Jetzt nur noch die Arme unterm Kind wegbekommen, ohne dass es zuckt und wach wird. Oder lieber erst mal noch weitere fünf Minuten warten, damit nicht zu viel Veränderung auf einmal auf den schlafenden kleinen Körper einprasselt? Man steht also wieder fünf Minuten über das Bettchen gebeugt. Ich weiß nicht, wie oft ich das Gefühl hatte, dass mir fast alle Wirbel rausspringen, und meine Arme taub wie Beethovens Ohren waren.

Draußen wurde es oft schon wieder hell, aber ich war trotz dieser Tortur glücklich! Das war wie »high« sein. Und dann sinkt man wieder in die eigenen, wenn auch leider nicht mehr warmen Kissen. Und als ob mein letzter Seufzer jedes Mal das Startsignal für meinen Gatten war, regte sich was von der anderen Seite des Bettes. Und von da, wo vor einem Jahr noch die heißesten Szenen aus »9½ Wochen« nachgedreht wurden, hörte ich mehr als nur einmal ein schlaftrunkenes Grunzen: »Na, schwache Blase? Sei bloß leise, nicht dass der Kleine noch aufwacht.« Das waren so die Momente, da musste ich mir oft noch mal ganz genau vor Augen halten, dass ich damals tatsächlich freiwillig »Ja, ich will« gesagt habe.

Aber wenn dann sonntagmorgens der Frühstückstisch

mit genau richtig gekochten Eiern, frisch gepresstem Orangensaft und warmem Toast gedeckt war, hatte ich diese Nächte meistens wieder vergessen. Na ja, nicht wirklich vergessen. Ist das nicht unglaublich, welche Gefühle so ein kleiner Wurm in einem auslöst? Alle Extreme dabei.

Aber wir wollen mal nicht untern Tisch fallen lassen: Dieser Schlafentzug ist wirklich heftig. Als mein Kleiner frisch geboren war, bin ich – und das ist wirklich richtig wahr – beim Zahnarzt bei der Wurzelkanalbehandlung eingeschlafen! Ehrlich. Der Zahnarzt hat gebohrt, geschraubt, rumgefeilt und rumgeruckelt, und ich habe geschlafen! Das wäre seinem Vater nicht passiert. Tja. Eine Mutter ist eben eine Mutter und ein Vater eben nur ein Vater. Machste nix.

Wir waren jung und hatten kein Geld

Wo ist sie hin, unsere verrückte Jugend?

Gestern Abend war es so weit. Wie immer kurz vor Weihnachten. Krise, Depression, Heulflash – das ganze Programm. Ich habe mich noch nie so beschissen gefühlt wie gestern. Und wie das so ist in einer Krise: Ich habe sie mir ganz gegeben. Nix ausgelassen. Als Erstes gab es die große Kinderpredigt aus nichtigem Anlass: »Es ist mir egal, Schätzchen, ob du heute schon einen Kinderriegel hattest oder nicht. Ich ertrage dieses ewige Rumgezeter heute überhaupt nicht. Und wenn das so weitergeht, kannst du das mit Yakari und Fernsehen komplett vergessen, und dann marschierst du gleich ohne Abendessen ins Bett! Ich bin doch nicht eure Dienstmagd. Ich höre immer nur: Ich will, ich will, ich will! Interessiert hier überhaupt irgendjemand mal, was ICH will? ICH stehe morgens um sechs Uhr auf, und von da ab heißt es nur Mama hier, Mama da, Mama tu mal, Mama mach mal. Mir steht's bis hier! Und pass mal gut auf, mein kleiner Pascha – mit deinen fünf Jahren bist du alt genug, dass du deinen Schlafanzug auch durchaus mal alleine anziehen kannst!«

So. Das musste mal sein. Und ich glaube, dieses Mal war mein Sohn wirklich beeindruckt. Jedenfalls hat es immerhin fünf Minuten gedauert, bevor er mich erneut nach einem Kinderriegel gefragt hat. Da ich meinem kleinen Schatz natürlich nicht lange böse sein kann, habe ich mir gedacht, es ist doch viel besser und praktischer, wenn ich mit dem Bösesein warte, bis der große Schatz nach Hause kommt. Der kann viel mehr damit anfangen. Frei nach dem Motto: »Trifft immer den Richtigen«.

Es kam, wie es kommen musste. Kaum hatte der Gute sein Begrüßungsritual abgespult (Schuhe aus, Tasche weg, Bussi Bär!), fragte er mitleidig: »Was ist los mit dir, Prinzessin, stimmt was nicht? Hattest du einen anstrengenden Tag?« Und zack hatte Monsieur die Handgranate entschärft. Aber dass ich so schnell explodieren würde, hat nicht nur ihn, sondern auch mich selber ein bisschen überrascht. KAWUMM! »SAG MAL, HAST DU SIE NOCH ALLE??? Wie redest du überhaupt mit mir? Ich bin doch hier nicht eine von deinen Bürotussen! Du kommst zehn Minuten zu spät nach Hause, und das Erste, was du machst, ist, mir hier einen blöden Spruch, zu servieren!? Ich fasse es nicht! Ich bin doch nicht dein Fußabtreter! – Das ist doch …! Ich bin in meinem ganzen Leben noch nie so gedemütigt worden. Aber ok, eine Frau spürt einfach, wenn was nicht stimmt, und ich spüre hier ganz gewaltig was. Wenn du auf die Art und Weise hier alles wegschmeißen willst, bitte. Dann ist eben Schluss.«

Den verdutzten Blick meines Mannes konnte ich gerade noch aus verheulten Augenwinkeln erkennen, aber es ließ mich kalt. Nicht ohne eine gewisse Theatralik schmiss ich meinen halbvollen Kaffeebecher auf den Boden (er hasst Verplempern!) und rauschte wild aufschluchzend ins Schlafzimmer. Schlüssel rumdrehen und aufs Bett fallen war eins. Eine Minute später kam ich schon etwas kleinlauter zu der Erkenntnis, dass ich vielleicht etwas überzogen hatte. Aber was redet der Kerl auch so mit mir? Eine weitere Minute später fiel mir dann ein, dass er ja eigentlich gar nichts gesagt hatte, außer ob ich einen anstrengenden Tag gehabt hätte. Und genau da lag der Hase im Pfeffer. Denn genauso war es.

Weil ich gestern dieses beschissene Foto gefunden hatte. Den Stein des Anstoßes. Auf dem Foto: Ich. Jung und unfassbar frei und wild. Von der splissfreien, nur von Sonne und Salz blondierten Löwenmähne bis zum wahnsinnig knackigen Hintern. Der Hintern: fest, faltenfrei. Das Bikinihöschen zwischen den perfekt gerundeten Pobacken vom Wasser nass. Ein Bild wie aus dem Playmate-Shooting 1980 mit Kim Basinger auf den Bahamas. Nur in Gut und auf Spiekeroog. Fast perfekte Brüste. Nicht zwei blassbleiche, leergesogene Muttermilchbocksbeutel, die angestrengt vom Push-Up-BH in Form gehalten werden. Der Bauch unter dem Rippenbogen flach abfallend und straff. Dazu Beine, die selbst bei Windstärke 12 nicht anfangen würden, wie flattrige Batwings im Wind zu schlackern.

Und während ich diese Zeilen schreibe und meine Finger über die Tasten sausen, werde ich schon wieder wehmütig. Was ist aus mir geworden? Wo ist dieses sensationelle Gefühl von dem Foto geblieben? Die Sorglosigkeit, die Abenteuerlust und die funkelnde Lebensgier der Jugend in den Augen. Jaja, ich weiß, was Sie jetzt denken: »Ey, Feller, halt mal den Ball flach, du bist schließlich Mitte dreißig, hast zwei Kinder und siehst nicht gerade aus wie Claude Oliver Rudolph. Worüber jammerst du eigentlich hier rum?«

Also, mal ganz in Ruhe: Wenn ich ehrlich bin, war ich damals auch nicht zufrieden mit meiner Figur, und wahrscheinlich werde ich es auch nie sein. Daran hat sich heute also nichts geändert. Aber dann sage ich mir doch sogleich, was zählt, ist die B-Note, und da kann ich mich nun wirklich nicht beschweren! Mein Mann meinte sogar neulich zu mir, auf einer Skala von eins bis zehn wäre ich eine satte zehn. Ich habe zwar »Du Schleimer« gesagt, aber süß fand ich es trotzdem. Und geplatzt vor Stolz bin ich nur einen Augenblick später, als meine kleinen blonden Racker vor mir standen und treuherzig versicherten: »Mami, du bist sogar eine Dreimilliardionen für uns.«

Also mal im Ernst: Natürlich hat man sich verändert. Man tauscht die Unbekümmertheit und die revolutionären »Das werde ich mal alles ganz anders machen«-Ideen gegen Plansicherheit und altbekannte Rollenmodelle ein. Das coole Che-Shirt gegen ein ordentliches Hilfiger-Blüschen. Aber alles in allem – wenn ich so mal unsere kleine Familie betrachte – es hätte alles echt schlimmer kommen können. Meine größte Angst war früher immer, so eine Spießerin zu werden. Mit Aufklebern auf dem Auto. »Achtung, hier sitzt Zicke Annkathrin« und direkt daneben »Hier thront Böckchen Torben«. Darüber feinsäuberlich in einer Reihe »Phantasialand«, »Europapark Rust« und die bekloppte Rolling-Stones-Zunge. Mal ehrlich, Sex, Drugs and Rock'n' Roll aufm Opel Zafira klebend? Peinlicher ist es nur noch auf so 'nem Senioren-Benz.

Machen wir uns nichts vor, viele von uns freien und ach so wilden Wellenreitern sind sanft gelandet: im Schoße des Bürgertums. Endstation Reihenhaus. Mit Vorgarten. Aber da rufe ich stolz und ungebeugt: Nicht wir! Schließlich wohnen wir in einer Altbau-Wohnung. Wie sich das für unangepasste Rebellen gehört. Alte Holzbohlen im Flur, irgendwie total urban und, wenn man will, der Biosupermarkt gleich um die Ecke. Das klingt doch schon gleich wesentlich gefährlicher und irgendwie befreiter als Reihenhaussiedlung. Hust. Haben wir etwa einen Anrufbeantworter, der ungefähr so von unseren Kindern bebrabbelt wird: »Hallo, das ist der Anschluss von Nele, Tommy, Annika und Dieter.« (Im Hintergrund dann die wispende Mutter: »Pertenkötter«. Darauf erst mal 30 Sekunden lang unmotiviertes

Gekicher und Gepruste. Lustig geht es dann weiter: »Wir sind gaaaaar nich zu Hause, und du kannst aber eine Nachricht nach dem Pieps sagen. Tschöhööös.« Was ich jetzt hier nicht wiedergeben kann, ist, dass die Wörter natürlich abwechselnd und total süß von Nele und Tommy gesprochen werden, was die gesamte Ansage um gefühlt eine Stunde verlängert (wohl dem, der eine Flatrate hat).

Und mich gefühlt auf die dunkle Seite der Macht zieht. Auch wenn ich gleich noch mal ins Fettnäpfchen trete: Ich möchte meine Kinder auch nicht auf die Waldorfschule schicken, nur damit sie bei dem Wort Migrant weiterhin denken, dass sei das Ding auf dem Bürgersteig, wo die Feuerwehr ihren Schlauch anschließt, wenn es brennt. Und wo ich gerade so schön in Fahrt bin – ich glaube an eine Hochzeit aus Leidenschaft und nicht aus steuerlichen Gründen, und ich werde weiterhin die wählen, die meiner Ansicht nach das Richtige tun und nicht das Beste für mein Konto oder meine Firma! So nämlich!

Na gut, Weihnachten ohne Baum und Bescherung kommt mir nicht in die Tüte! Und ja – zum letzten Geburtstag habe ich mir diesen Bulgari-Ring gewünscht. Mir ist auch durchaus bewusst, dass Prada keine tschechische Billigmarke ist. Wenn man unser Haus betritt, zieht man sich am Eingang die Schuhe aus, und der Müll wird richtig getrennt. Aber das ist ja wohl was völlig anderes. Ich finde, solange nicht an unserer Haustür ein getöpfertes Schild mit zwei großen und kleinen Elefanten hängt, auf dem steht: »Hier wohnen, streiten, lachen und leben Lisa und ihre drei Männer«, so lange ist doch noch alles im grünen Bereich.

Die strengen Prinzipien sind doch sowieso mehr ein Ding der Jugend – und die hat verdammt noch mal die Pflicht, alles Scheiße zu finden, was die spießigen Eltern in ihrer pseudoliberalen Kumpelart so gut finden. Ich werde nie vergessen, wie entsetzt mein Bruder war, als mein Vater zu ihm sagte: »Tolle Truppe da, diese *Rage against the machine*. Echt 'nen dufter Sound, Alter! Kann ich mir die CD mal leihen?«

Und welches Grauen sich erst in seinem Gesicht spiegelte, als ihm bewusst wurde, welche Konsequenzen diese miese Anbiederung nach sich zog. Ich habe danach nie wieder *Rage against the machine* bei ihm gehört. Stattdessen konterte er mit *Rammstein*. Ein voller Erfolg! Die ersten Takte waren noch nicht verklungen von »Du hast«, da stand Vattern wutentbrannt im Zimmer. »Mach sofort diesen Nazi-Dreck aus! Wenn ich in meinem Haus noch einmal diesen Mist hier höre, fliegt der ganze Müll achtkantig ausm Fenster!«

Und was hat es genutzt? Jetzt raten Sie mal, was mein Bruder zu seinem Jüngsten gesagt hat, als der neulich mit Justin Bieber um die Ecke kam. Den genauen Wortlaut weiß ich nicht mehr, aber die Worte »Müll«, »achtkantig« und »Fenster« waren definitiv dabei.

Tja, all das ging mir durch den Kopf, während ich auf dem Bett sitzend schmollte und meinen Gedanken nachhing. Klopf, klopf. Schon etwas milder gestimmt vernahm ich die zögerliche Stimme meines Gatten durch die geschlossene Schlafzimmertür. »Li-hi-sa? Es tut mir leid. Bist du immer noch böse? Kann ich reinkommen?« Schnell machte ich die Tür auf und fiel heulend in seine Arme. Und wir sangen die nächste Strophe vom »Es-tut-mir-leid-ich-weiß-auch-nicht-was-mit-mir-los-ist«-Lied gemeinsam.

Während wir uns in den Armen lagen, konnte ich kaum glauben, was ich auf einmal hörte. »Übrigens, Lisa, total witzig, ich habe gestern ein altes Foto von dir gefunden, wo du oben ohne in Spiekeroog am Strand stehst. Hammer. Ey, sei mir nicht böse, da habe ich gleich so einen Bock auf dich bekommen, dass ich schon fast überlegt habe, heute nicht zur Arbeit zu fahren und dich zu entführen.« – »Ach«, zischte ich giftig wie eine schief angeflötete Königskobra, »und dann ist dir natürlich eingefallen, dass ich leider heute nicht mehr so toll aussehe, und da hast du gleich lieber Überstunden gemacht, oder was?«

Ich war überrascht, wie ruhig, fest und ehrlich seine Stimme klang, als er sagte: »Ach, Liebling, du warst so unfassbar schön, dass ich mir damals nichts mehr gewünscht habe, als dass du meine Frau wirst. Und wenn du mich fragst, nein, ich kann bis heute nicht verstehen, was eine so tolle Frau von so einem Vogel wie mir will. Aber ich bin glücklich mit unserem Leben. Mit so einem Heißblut wie dir ist es halt nie langweilig und spießig. Weißt du, Lisa, als ich neulich mit den Kindern über den Weihnachtsmarkt gegangen bin, da habe ich so ein getöpfertes Türschild gesehen, das müssen wir uns unbedingt kaufen, das trifft den Nagel auf den Kopf, was unsere kleine Family angeht: Da waren so Elefanten drauf, zwei große und zwei kleine, und darauf stand: »Hier streiten, lachen und ... Lisa? Lisa? Hör doch mal zu, was guckst du denn so komisch ... Lisa? Warum heulst du denn jetzt schon wieder ... Ich hab doch gar nichts ... ach Mensch!«

Das Mädels-Wochenende

Der Plan: Endlich mal wieder Zeit nur für mich!

Ich freue mich wirklich über jede Leserin, die auch nur einen Buchstaben in diesem Buch liest und zulässt, so dass meine erzählte und erlebte Zeit ein kleines Stück weit und kurzfristig auch ihre – also Ihre! – Zeit wird. Und falls eine von Ihnen im Moment die wunderschöne, erfüllende sowie furchtbar aushöhlende und anstrengende Zeit erlebt, in der kleine Rabauken oder Prinzessinnen das Haus mit ihrem Geschrei und ihrem Gelächter fluten, dann an dieser Stelle: Respekt! Respekt dafür, dass ihr es überhaupt schafft, zu diesem Buch zu greifen! Und es dann auch noch zu lesen und nicht nur das wackelnde Bein des Stubenwagens damit zu justieren!

Machen wir uns nichts vor: Als Mutter hast du keine Zeit. Nie. Zeitgleich mit der Geburt des Kindes rauscht auch noch das letzte bisschen Freizeit durch den Geburtskanal. Da lasse ich mir auch nichts anderes erzählen. Natürlich bekommt man den guten Tipp: »Das kannst du doch alles machen, wenn der schläft oder mal so eine Stunde für sich spielt. Und wenn er erst in der Kita ist, dann hast du doch einen halben Tag für dich!« Interessanterweise kommen diese wahnsinnig utopischen Phrasen meistens von kinderlosen Zeitgenossen. Gerne und überflüssigerweise auch mit dem Zusatz: »Sooo viel Zeit möchte ich mal haben!«

Die Realität diktiert mir leider ein anderes Zeitmanagement: Immer wenn du einen wirklich wichtigen Termin hast, kriegt einer von beiden Zähne und hat Fieber, Brechdurchfall oder einfach nur einen nicht näher bekannten Virus. Dazu die Diagnose des Kinderarztes: »Ja, das ist irgendein Virus. Da kann man nichts machen!« Sind beide Jungs gesund, ist im Kindergarten sicher Läusealarm oder was ähnlich Dramatisches. Noch ein kleines Beispiel gefällig? Letzte Woche musste ich zum »Amt für Bürgerangelegenheiten«, meinen Reisepass verlängern lassen. Davor musste ich dringend zum Friseur, denn ich wollte in meinem neuen Pass wie ich selber und nicht wie Reinhold Messner aussehen. Und noch einkaufen und das Mittagessen kochen.

Eigentlich kein Problem, beide Jungs sind ja bis Mittag gut versorgt, also sollte das zeitlich gut passen.

So, die Aufgabenstellung war klar, jetzt hieß es nur noch durchstrukturieren, um nicht zu viel Reibungsverluste hinnehmen zu müssen. Also müssen alle Parameter genauestens erfasst werden: Passamt heißt Nummer ziehen und warten. Und warten. Warten, warten, warten! Und während man wartet, wird schnell klar: Behördengänge sind gleichzusetzen mit den psychischen Qualen der Einzelhaft. Da wirst du schlagartig von einer lebensfrohen Mutter mit einer großen Empathie für ihre Mitmenschen auf das Niveau eines von Rache besessenen und verbitterten Grafen von Monte Christo eingedampft.

Damit mir das nicht passiert, hatte ich mir einen genauen Plan gemacht: Wenn ich im Passamt direkt um 7.59 Uhr aufschlage, habe ich eine Chance, unter zwei Stunden Wartezeit da wieder rauszukommen. Allerdings müsste ich dann meine beiden Süßen an der Eingangstür zur Kita für gut zehn Minuten anketten, denn die öffnet ja erst um 8.00 Uhr. Länger als zwölf Sekunden denke ich gar nicht erst über diese monströse Idee nach. Konsequenz: Passamt geht frühestens ab 8.20 Uhr. Was soll's, es geht nicht anders.

Und so geschah es auch am nächsten Morgen: Kaum verklang das letzte »Tschüss Mami, hab dich lieb!« an der Kita-Tür in meinen Ohren, hab ich ordentlich Gas gegeben, um spätestens um 8.20 Uhr am Passamt zu sein. Eine beachtliche Zeit, wenn man bedenkt, dass die Kita vom Passamt 12 km quer durch die Stadt entfernt ist! Das Auto stellte ich an der Tankstelle gegenüber am Münz-Staubsauger ab, das Fenster wurde runtergelassen und der Saugerschlauch durchs Fenster geschoben und mit der wieder hochgefahrenen Scheibe festgeklemmt. Münze rein, Sauger an. Auto zumachen, und fertig ist der billigste Parkplatz in der City.

Schnell rein ins Passamt und direkt eine Nummer ziehen. Kaum hatte ich die Nummer (»20«) in der zitternden Hand, plante ich präzise wie ein Schweizer Uhrwerk das weitere Vorgehen. Dran war die »6«. Ok, nach Adam Riese hatte ich also zwei Stunden Luft. Also schnell im Schweinsgalopp durch die Stadt und den Rest erledigen. Ein Bombenplan. Leider hatte ich nicht damit gerechnet, dass Nummer 8 bis 14 entnervt aus dem Amt geflüchtet waren und 15 bis 19 nicht die richtigen Unterlagen dabeihatten. Was bedeutete, dass ich schon nach 30 Minuten dran war. Da war ich aber noch mit zwei vollen Einkaufstüten in jeder Hand damit beschäftigt, den Fahrer des Abschleppwagens und den Tankstellenpächter davon zu überzeugen, meinen Wagen wieder vom Abschleppwagen runterzuholen.

Es gelang mir mit Mühe, und der Preis war hoch. Dem Tankwart musste ich 10 Waschkarten »Hausfrauen-Spezialwäsche« für 12,50 pro Wäsche abkaufen und dem Fahrer des Abschleppers musste ich versprechen, noch dieses

Jahr »für Nüsse« (ich hasse diesen Ausdruck) auf ihrem Firmenfest aufzutreten, obwohl ich ihm mehrfach versichert habe, dass ich keine Tanzeinlagen mit Bauchfrei im Programm habe.

Als ich dann endlich einen legalen Parkplatz gefunden hatte und im Passamt eine neue Nummer gezogen hatte (»45«), musste ich auch nur noch zwei kurze Stunden warten und konnte die Kinder pünktlich um 16.00 Uhr vom Kindergarten abholen. 8 Stunden waren weg, aber immerhin hatte ich schon eingekauft, und die Aussicht auf ein sehr sauberes Auto dieses Jahr stimmte mich wieder halbwegs versöhnlich. Ach, man kann soo viel erledigen, wenn die Kinder im Kindergarten sind.

Nach solchen meisterhaft durchgeplanten Vormittagen ist es natürlich umso wichtiger, dass ich jede wirkliche Freizeit auch nach Kräften genieße und so richtig auskoste. Und damit meine ich nicht »Familienurlaub«, sondern eher das Gegenteil: Urlaub von der Familie. Deshalb kam ich auch auf die grandiose Idee: Ein richtiges Mädelswochenende muss sein!

So ein Trip ist ganz klar ein Fall für meine Freundin Britta. Denn Britta ist eine meiner ältesten Freundinnen und genau die Person, die man braucht, wenn man wenig Zeit zum Feiern hat, diese Zeit aber zu 175 Prozent ausnutzen muss.

Also, wie soll ich Britta beschreiben? Optisch eine Mischung aus Alessandra Ambrosio und Charlize Theron, also ein echter Augenschmaus. Mental ist sie allerdings eher auf Augenhöhe mit Charly Sheen und Prinz Harry. Ein fluchendes, trinkendes und hemmungsloses Partyanimal. Gott, was kann diese Frau feiern! Sie war nicht nur fünf Jahre in Folge »Miss Caipi Düsseldorf«, sondern hielt auch zwei Jahre lang den Rekord im Hotdog-Wettessen und der Disziplin »Die meisten Fischerdübel pro Minute in eine Waschbetonwand setzen«. Eine hochexplosive Mischung aus Rambo und Hancock, gefangen im Körper einer erotischen Göttin! Genau die Richtige für mein familienfreies Mädelswochenende. Wie früher, wir beide und sonst niemand, und nur die Sonne ist unser Zeuge! Boom-Cha-Chakkalakkalakka-Boom!

Und dann war es so weit: mein erstes freies Mädelswochenende nach gefühlten 11 Jahren. Mein großer Schatz hatte sich tatsächlich frei genommen und wollte sich das ganze Wochenende um die beiden kleinen Schätze kümmern. Britta hatte darüber hinaus was Chefmäßiges für uns beiden klargemacht: so ein Fünf-Sterne-Event-Bunker! All inclusive: Discoclub Studio 55, römische Orgien-Sauna und Harveys Manhattan-Bar mit Pool-Lounge! Das Playboy Mansion war gegen die Hütte ein katholisches Landschulheim! Boah, ich hab mich so gefreut. Ab sofort zählte nur noch ich. Jetzt gab's für Mutti »All you can party« mit der Exzess-Flatrate, feiern am Limit! Ich würde so glücklich wiederkommen, dass ich die nächsten 4 Jahre keinen Bedarf an Ausschweifungen mehr haben würde!

Samstagmittag Punkt 11.00 Uhr klingelte Britta. Die Sonne brannte, top Wetter, einfach ein rundum superschöner Sommertag. Sie hatte das Cabrio von Jochen dabei, und aus den Boxen schallte in Düsenjäger-Dezibeln »Girls just wanna have fun«. Britta drückte mir eine eiskalte Dose Prosecco-Caprisonne Geschmacksrichtung Wildfrucht in die Hand und jubelte: »Juchuuuu, Lisa, jetzt geht's los!«

Dann noch mal der große Abschieds-Winkewinke-Mutti-hat-euch-lieb-und-vergesst-mich-nicht-Marathon mit flauem Magen, und schon ging es los. Einmal, zweimal um die Ecke gefahren, und ich stellte verwundert fest: Aus den Augen, aus dem Sinn. Na, also! Es geht doch! Ich war selber von mir überrascht, wie schnell das alltägliche Mami-Rollenspiel aus meinem Kopf war: »Super! Ist das cool, Britta, nur wir beiden. Ganz ehrlich, ich bin ein Familienmensch, aber nicht fanatisch, hihi. Irgendwann ist es auch mal gut mit der Rundum-Fürsorge, ich bin zwar Mutter – aber nicht Mutter Teresa! Mein Süßer, der macht das schon, der ist ja schon groß.«

Fünf Minuten später fragte Britta mich: »Na, Lisa, alles gut, woran denkst du?« – »Du, Britta, das gibt es echt nicht – ich denk überhaupt nicht an zu Hause. Rien. Niente. Nada. Echt der Hammer, oder? Null. Zero. Nothing! Ist schon ein Ding, wie schnell die aus der Birne sind. Klack. Das ist wie ein Schalter, der umgelegt wird. Und zack, ich bin nur noch Lisa, frei wie ein Vogel, meine Brüste gehören mir, und es gibt keine Lauer, auf der ich nicht liege. Wahnsinn. Wa-ahnsinn! Als hätte es die Süßen nie gegeben! Verrückt. Und weißt du, warum ich das kann? Weil ich mich auf meinen Süßen verlassen kann. Weil ich weiß, dass der alles im Griff hat. Der weiß, dass er die beiden eincremen muss, wenn er bei so einem Wetter mit denen rausgeht. Das weiß der. Und der weiß dann auch, dass er die Kindersonnencreme nehmen muss und nicht sein blödes Tiroler Nussöl.« Britta nickte kräftig mit, um zu bestätigen, dass auf dieser Welt noch nie etwas Richtigeres gesagt wurde als meine Worte. Und mal ganz unter uns: Fast hätte ich mir diesen ergreifenden Monolog sogar selber geglaubt. Damit ich mir noch ein bisschen mehr glaubte, redete ich weiter: »Das weiß der doch, oder, Britta?«

»Natürlich, Lisa, mach dir keinen Kopf. Das weiß der!« Ich lachte hysterisch: »Ich mir einen Kopp machen! Ha! Ich! Einen Kopf! Ich hab den Kopf quasi nur auf den Schultern, um mir da mit dir einen Eimer Prosecco reinzukippen. Ich mach mir doch keinen Kopf! Wegen Eincremen, so weit kommt das noch! Phfff! Dass ich nicht lache! Wer war das noch mal, von wem haben wir uns da gerade verabschiedet? Keine Sorge, die alte Lisa Feller ist heute dein

Flügelmann! Lisa, the Prosecco-Gecko! Nicht ›Mutti Feller‹, sondern ›La Feller‹, die mysteriöse Libidonöse. Mensch, Britta, wir beide waren doch die Blaupause für »Thelma & Louise« ... nur ohne Knarren und dem Scheiß!«

Aber ab da sagte Britta schon gar nix mehr. Sie schaute mich immer ganz lieb und mitleidig von der Seite an. Ich merkte von ihrer merkwürdigen Stille aber erst mal nichts, denn ich sinnierte ein paar Minuten im Leerlauf vor mich hin und redete dann wie ein Wasserfall weiter: »Boah, weißt du noch, wie mein armer kleiner Spatz letzten Sommer ausgesehen hat? Wegen der falschen Sonnencreme – alles verbrannt! Die kleinen Ärmchen feuerrot, und überall diese Pusteln! Das war heftig! Da hab ich noch ein Foto von. Warte mal. Das muss ich hier noch irgendwo auf meinem Handy haben. Oh guck mal, hier, das war auch da im Urlaub, ein Tag vorher ... da sieht er auch soooo süß aus. Da hat er das erste Mal Mama gesagt. Oooooh, oder hier: Guck mal, das war auch in der Türkei, auf dem Markt in Bodrum. Die Türken sind so abgegangen wegen seiner blonden Haare. Wir hatten nachher vier Tüten voll mit Fetakäse und Oliven, wir hätten nur aus Fetakäse die blaue Moschee nachbauen können. Ach, ist der Schatz süß!« Meine Finger wischten über das Display vom iPhone wie wild geworden. Es wurden mehr Aufnahmen von meiner eifrigen fotosuchenden Hand hin und her geschoben als Container an einem Tag im Hamburger Hafen. Unbeirrt redete ich mehr mit mir selbst als mit Britta: »Auf jeden Fall muss er den Kleinen eincremen. Aber – das weiß er ja.« Und während ich angestrengt versuchte, mir meine Lässigkeit selber zu glauben, guckte ich plötzlich hoch und in Brittas Augen. Ihr milder, wissender Glanz hat aus meinem mühsam errichteten »Der weiß das doch«-Mantra sofort eine Tüte Paniermehl gemacht. Ohne auch nur einmal zu atmen, sprach ich meine qualvolle Horrorvision verzweifelt aus: »Die werden komplett verbrennen, Britta. Natürlich wird der Holzklotz wieder vergessen, meine kleinen Schätze vernünftig einzucremen. Die Armen, ich könnt' heulen!«

Britta startete noch einen letzten Beruhigungsversuch: »Lisa, komm runter. Der ist ein Mann mit Abitur und Diplom, wir reden doch nicht über einen hirnlosen Einzeller! Es ist ein Vater, der auf seine Kinder aufpasst. Der wird die eincremen und nicht verbrennen lassen. Denk lieber daran, was und wen wir heute Abend alles in Brand setzen werden! Also sprich mir nach: ›Der weiß das!‹«

»Gar nichts weiß der! Der hat doch noch nie in seinem Leben die Kinder richtig eingecremt. Letztes Mal hat der mit Sonnencreme auf ihren Rücken Tic Tac Toe gespielt. Die sahen hinterher aus! Der weiß doch noch nicht mal, wo die Sonnencreme steht. Der hasst diese fettigen Hände und das Zeug an den Fingern.« Ich atmete ein Mal kurz durch und spürte, wie ich wieder Chefin im Ring meiner Gefühle wurde. Dann drehte ich mich zu Britta und sagte mit eiskalter, souveräner und unmissverständlicher Stimme: »Dreh um, wir fahren zurück. Ich creme sie schnell noch ein.«

Es geht doch nichts über gute Freundinnen. Sie stellen keine Fragen, sondern handeln einfach. Und das werde ich Britta nie vergessen. Sie hätte sauer sein können. Aber war sie eben nicht. Sie hat genau das getan, was man von einer guten Freundin in so einer prekären Situation erwarten kann. Sie hat einfach nur gelächelt, das Radio wieder brüllend laut gestellt und hat das Gaspedal durchgetreten. Ohne umzudrehen. Sie hat mein Flehen ignoriert und ist weiter zum Hotel gebrettert. Zwischendurch hat sie dem vermeintlichen Rabenvater eine SMS geschickt mit dem Hinweis »Creme die Kinder ein!«. Zwei Minuten später hat sie mir lachend ihr Handy mit seiner Antwort hingehalten: Liebe Lisa, schon längst passiert. Gebt Gas, habt Spaß!

Und das haben wir dann auch getan!

»Spiel nicht mit den Schmuddelkindern!«

Die vergebliche Hoffnung der Eltern, dass ihre Kinder nur die richtigen Freunde wählen.

Der erste Tag in der Kita ist für jede Mama ein ganz besonderer Tag. Schon Wochen vorher fragt sich die tendenziell zur Überbehütung neigende Glucke in mir sorgenvoll, ob ihr allergrößter Schatz sich denn überhaupt in dieser fremden Welt voll fremder Menschen zurechtfinden wird. Was, wenn er nicht will, dass ich gehe? Wenn er dann wie neulich bei IKEA vor dem Eingang des Kinderparadieses unter heftigem, unrhythmischem und vor allen Dingen herzzerreißendem Schluchzen seine kleinen Ärmchen um meine Beine schlingt und dermaßen laut brüll-heult, dass mich zwei Rentnerpärchen derartig feindselig angeguckt haben, als ob ich die kinderprügelnde Hexe Schrumpeldei persönlich wäre.

Und diese Erzieherinnen – die wissen doch gar nicht, wie man meinen hypersensiblen Schnuffelbär am besten tröstet, wenn er wieder einen Wutanfall bekommt, weil er nach zwei Kinderriegeln und drei Flutschfingern noch ein klitzekleines Überraschungsei futtern will! Wie, die dürfen da keine Süßigkeiten essen? Wie soll das denn gehen? Ich weiß nicht, ob mein kleiner Mupfeltiger stark genug ist, so viele Verbote und die dadurch resultierenden und autoassimilierenden Ablehnungsgefühle zu verkraften. Schlimmer noch – ich weiß vor allen Dingen nicht, ob ICH das schaffe! Leider kann ich auch nicht so richtig mit seinem Vater über diese überbordenden Gefühle in mir reden, weil er mich dann so verständnislos angucken wird wie Lukas Podolski in der Buchstabenfabrik!

Und so ist es kein Wunder, dass am Abend vor der großen »Abschiebung« in die Kita, wenn der kleine süße Fratz trotz der ganzen inneren Aufruhr und Aufregung endlich ins Land der Träume segelt, Mama aufm Sofa im Wohnzimmer sitzt und den ersten Lebensabschnitt der innigst geliebten Brut mit einer Träne im Auge Revue passieren lässt. Na ja, wenn man ehrlich ist: Das können auch schon mal ein paar Tränen mehr sein. Mein Mann jedenfalls war so irritiert und zugleich glücklich, dass er offensichtlich schuldlos war, dass er mir, um mich zu beruhigen, sofort diese schicke Lederjacke bei Ebay gekauft hat. Das war soooo süüüüß! Toller Nebeneffekt: Für den ersten Schultag wird er natürlich gehörig nachlegen müssen. Da such ich mir dann was richtig Teures aus.

Selbstverständlich haben wir uns vorher über diese Kita informiert. Queen Lisbeth deponiert ihre famosen Kronjuwelen ja auch nicht in einem kleinen, miesen und popeligen Schließfach der Spar- und Darlehenskasse Hodenhagen. Meiner Meinung nach müsste ja der kleine Kaiser von China beziehungsweise von Feller eigentlich von diesem äußerst schmucken Privatlehrer aus dem Film »Sieben Jahre in Tibet« unterrichtet werden. Privatunterricht, warum nicht? Was für den Dalai Lama, diesen relaxten, chilligen und peace-igen Buddha-Brother mit dem topmodischen weißen Schal, recht und billig war, kann für meinen Sohn grundsätzlich nicht verkehrt sein. Und außerdem hätte ich beim besten Willen nichts dagegen, wenn Brad

Pitt bei uns dauerhaft einziehen würde. Sicher, morgens im Bad stelle ich mir das schon mal problematisch vor. »Du, Schatz, kannst du eine Seite vom Waschbecken für das Rasierzeug vom Brad freimachen?«

Andererseits stört mich die Vorstellung, dass mein süßer schnuckeliger Ehemann mich mit den Worten überrascht: »Du, der Brad kann auch gerne meinen Rasierer nehmen. Aber du hast doch sicherlich nichts dagegen, wenn Angelina bei uns auf der Besucher-Ritze schläft, hm?« Doch, hab ich. Ganz ehrlich, ich weiß gar nicht, was diese trieborientierten Testosteron-Trecker an DER toll finden. Die Arme vollgekritzelt wie ein Bushaltestellenhäuschen an einer Provinzlandstraße, Schlauchbootlippen und so dünn, dass sie bei der Auferstehung des Fleisches gleich liegen bleiben kann. Wahrscheinlich kann sie gut kochen. Und ja, sie sieht ja toll aus. Aber wenn ich 10 Kindermädchen hätte, hätte ich morgens auch mehr Zeit zum Schminken.

Ach, ich schweife mal wieder ab.

Des Weiteren hat man natürlich auch als Hollywoodstar nicht das weltliche Problem, DIE richtige Kita für das kleine Augäpfelchen klarzumachen. Wenn man keine findet, kauft man sich halt eine. Otto Normalverbraucher nimmt am Ende die, in der wenigstens ein Platz frei ist. Umso besser, wenn diese Lösung, wie bei uns, gleichzeitig auch auf Platz 1 der Wunschliste stand. Unsere Kita ist total super. Der Garten ist mindestens so schön wie der von der Villa Kunterbunt inklusive Limonadenbaum, überall wuseln kleine Strahleschätzchen zwischen Blumenbeeten und Kaninchenställen eifrig umher oder spielen glücklich und zufrieden in dem großen Sandkasten mit dem Piratenschiffaufbau.

Leider ist dieser glückselige Ort unter dem Regenbogen kein elitärer Club, dessen Aufnahmekriterien völlig undemokratisch von vernünftigen Leuten wie mir festgelegt werden. Natürlich gibt es auch bei uns Eltern und Kinder, auf die man gerne verzichten würde. Mein Sohn kannte so Begriffe wie »töten«, »umbringen« und »ausweiden« jedenfalls nicht von seinen Benjamin-Blümchen-Kassetten. Auch auf »sexy Beast«, »auspeitschen« oder »Lacklederstiefel« lege ich keinen großen Wert. Und ich möchte doch an die zuständigen Mütter appellieren, »Shades of Grey« nicht als Gute-Nacht-Geschichte vorzulesen. Oder, wenn es gar nicht anders geht, die harten Stellen durch entsprechende Ausdrücke aus Waldemar Bonsels' »Die Abenteuer der Biene Maja« zu ersetzen.

Was mich völlig fertigmacht, ist jedoch die unerklärliche Tatsache, dass ausgerechnet mein Sohn mit diesen schrecklichen Klaus-Kinski-Kindern am besten klarkommt und diese Bagaluten wie ein Magnet anzieht. Mehr als einmal ist es vorgekommen, dass mein kleiner blondgelockter Unschuldsengel vom Pfade der Tugend abgekommen ist, weil Kinski (der im wahren Leben eigentlich Jamie-Maurice heißt) zum Beispiel die alten Kippen seiner Mutter aus dem Autoaschenbecher geknibbelt hat, um mal so richtig Rauchen zu spielen. Richtig, da wird der aufmerksame Leser kopfschüttelnd feststellen: »Was für dumme Kinder sind das denn! Dafür braucht man doch ein Feuerzeug!«

Jahaa! Das musste selbstredend mein Sohn organisieren. Dazu war Kinski nämlich schlicht und ergreifend zu blöd. Mein kleiner Schatz hatte sich genau gemerkt, wo Renate das Feuerzeug versteckt hatte. Zur Erklärung: Renate ist die Leiterin der Tigerenten-Gruppe. Unter ihrem Garderobenhaken klebt als Symbol ein Maulwurf. Passt eigentlich ganz gut zu ihrer Kurzsichtigkeit, obwohl meiner Ansicht nach eine Packung Marlboro noch treffender wäre. Weil ihre Stimme eine lustige Mischung aus John Wayne und dem krächzenden Pfeifen von R2D2 ist. Na ja, jedenfalls hatte Renate ihr kleines Feuerzeug für das morgendliche

Adventskranzanzünden im Stuhlkreis benutzt und danach auf dem obersten Regal in die Krippe vom Jesuskind gelegt. Das war meinem kleinen Sherlock natürlich nicht entgangen. Beim Frühstück hat er sich dann in den Gruppenraum geschlichen, hat sich aus drei Lego-Kisten ein Podest gebaut und dann mit der Magnetangel vom Angelspiel so lange geprokelt, bis er das Mini-BIC am Haken hatte.

In der Mittagspause haben die beiden Strategen sich dann hinter der großen Holunderhecke versteckt, sämtliche Ekelkippen in einen großen Bogen Bastelkrepp gewickelt und mit Tonnen von UHU-Alleskleber sorgfältig zugepampft. Dieses genialische Konstrukt wurde dann natürlich von Kinski ohne Zögern und ängstliche Bedenkzeit sofort in Brand gesetzt. Nachdem das Ganze dank UHU brannte wie Zunder, standen die beiden großen Raucher mit schlotternden Buchsen vor Renate, und selbstverständlich war es mein Sohn, der clever genug war, sich für die Kronzeugenregelung zu entscheiden. Es war mir schon ein bisschen peinlich, dass er Kinski mit einem hemmungslosen »Der war's!« knietief in die Scheiße ritt. Der Mutter von Kinski fiel vor Schreck jedenfalls die Zigarette aus dem Mund. »Jamie, watt hassu gemacht? Watt hat denn UHU anner Kippe zu suchn? Datt darfste doch zu Hause auch nich. Warte, bis der Papa nach Hause kommt, der hat die Schnauze eh schon voll von deinem ganzen Scheiß hier.«

Ich weiß, was Sie jetzt denken. Genau dasselbe hab ich auch gedacht. Und da tat mir der arme Kinski schon wieder total leid. Deshalb habe ich schnell ganz tapfer gesagt. »Ach, wissen Sie, Frau Schottlowski, der Jamie kann da gar nichts für. Ich kenn meinen Sohn. Das hat der ganz alleine ausgeheckt.« – »Ja, Frau Feller. Dann sagen Sie mal Ihrem feinen Früchtchen, datt er in meinem Auto am Aschenbecher nix zu suchen hat.« Und wie ich da so völlig konsterniert in meinem selbstgeklöppelten Gutmenschen-Mäntelchen stehe und die Hand immer noch über dem Mund meines Sohnes habe, damit sein Protest kein Gehör findet, versenkt mich Frau Flodder im Weggehen ungerührt mit dem letzten Spruch: »Hömma, Jamie, datt is also dein bester Freund? Ich hab dir schon hundertmal gesagt, dass wir mit solchen Rotzblagen nix zu tun ham wollen.«

Ich bitte darum.

»Nicht rumkrümeln!«

Männer und ihr Auto – da hört der Spaß auf, bevor er angefangen hat!

Horrornachricht. Von Annegret der Schwager hatte neulich einen schrecklichen Autounfall. Was war passiert? Der gute Mann fuhr mit seinem Ford Galaxy mit entspannten 80 km/h über Land nach IKEA. Nach IKEA? Nicht zu IKEA? Ja, weil Günni eben nach IKEA fährt. Und das auch nicht ändern wird. Weil Typen wie Günni eher der Ansicht sind, dass IKEA, egal ob nach oder zu, verboten werden müsste. »Mit ihren Scheißteelichtern!« Weil Günni aber eine Seele von einem Menschen ist, konnte er natürlich seiner Gattin Ursel den Wunsch nicht verweigern, zum Abendbrot zwei Tüten Köttbullar zu besorgen. Und für sich natürlich auch noch was. Weil die Ursel sich die nämlich komplett alleine wegschrubbt. Aber wir wollen hier nicht über Ursels Figur richten, sondern Günnis Drama weitererzählen. Wie er da also mit 80 tiefenentspannt Richtung Kamen gondelt, dachte er fröhlich bei sich: Och, jetzt hör ich mir erst mal 'n bisschen Musik an.

Günni ist der größte Helene-Fischer-Fan der Welt. »Dat is 'ne Top-Olle!« Und selbst Helene Fischer würde das als Kompliment verstehen, wenn sie sein strahlendes Gesicht dabei sehen würde. Sein Lieblingslied ist »Und morgen früh küss' ich dich wach«. Wobei er natürlich, frech wie er nun mal ist, den Refrain gerne mal lautstark mit eigener Textveränderung mitgrölt. Selbstverständlich nur, wenn er alleine im Auto ist: »Und morgen früh leg' ich dich flach«. Tztztz… So ein Schlawiner! Und während er also voller Freude das Radio einschaltet, nimmt das Unglück seinen Lauf.

Vielleicht wäre nichts passiert, wenn er nicht schon unvorsichtigerweise die Lautstärke auf volle Lotte gedreht hätte. So traf ihn das Grauen jedoch völlig unvermittelt. Als nämlich die ersten Dezibel in tosender Presslufthammerlautstärke seine Trommelfelle perforierten, war es leider nicht die engelsgleiche Stimme von Helene Fischer, sondern das markerschütternde, nervenzerfetzende »Töröööö!!!« von Benjamin Blümchen. Die daraus entstehende Kausalkette ist an Pech kaum zu überbieten.

Ich weiß nicht, wie das Ding richtig heißt, ich meine aber diesen Deckel von der Thermoskanne, der gleichzeitig auch die Tasse ist. Auf jeden Fall hatte Günni dummerweise diese Deckeltasse randvoll mit Ursels frisch aufgebrühtem »Gala reizarm«-Kaffee zwischen die Beine geklemmt, um das Radio anzumachen. Als dann jedoch der rüsseltrompetende Herr Blümchen mit seinem ohrenbetäubenden »Töröööö!!!« loslegte, hat sich Günni natürlich derart erschrocken, dass die flirrend heiße Plempe ihren sicheren Deckeltassenhafen verließ und mit einem gewaltigen Schwapps sein Bermudadreieck flutete. Wie er den trudelnden Galaxy auf der Kuhweide noch abgefangen hat und Gott sei Dank unverletzt blieb, würde wahrscheinlich selbst Sebastian Vettel tiefen Respekt abringen, wenn er jemals davon erfahren sollte. Sebastian, wenn du das liest… Schick mir 'ne E-Mail, dann geb ich dir Günnis Adresse.

Die Hose konnte gewaschen werden, und das, ich sag mal, männliche Epizentrum ist mit einem leichten Brühwurstfaktor davongekommen. Ursel sieht das Ganze pragmatischer. »Gut, dass die Familienplanung abgeschlossen ist. Da kannst du mal sehen, wie wenig der im Haushalt hilft – Eier schreckt man doch mit kaltem Wasser ab!« Muahahahaha! Das war genau der Satz, der bei Frau Rüpelhoff-Lehmkötter, der erzkonservativen Leiterin des Sankt-Agnes-Kindergartens, so richtig einschlug, als Ursel am nächsten Morgen die Kinder mit dem verbeulten Galaxy ablieferte.

Als mein Süßer die Story brühwarm (hihi) zu hören bekam, fing er natürlich gleich an, weitreichende Konsequenzen aus dieser absurden Tragödie zu ziehen. Wenn Sie jetzt glauben, dass er alle seine Helene-Fischer-CDs kontrolliert hat, liegen Sie falsch. Nein, Monsieur forderte ein generelles Ess- und Trinkverbot in allen unseren Autos. Das klingt, als ob wir wie weiland Bhagwan für jeden Tag einen neuen Rolls Royce benutzen könnten. De facto haben wir jedoch leider nur die Wahl zwischen seinem Touran und meinem Touran.

Bevor jetzt aber hier der Eindruck entsteht: »Ooooh, die gnädige und hochwohlgeborene Frau Feller hat natürlich nicht nur einen Touran, neiiiin, Frau Gräfin Koks von der Gasanstalt hat gleich zwei, ist ja klar!«, möchte ich hier in aller Deutlichkeit klarstellen: Es handelt sich um ein und dasselbe Fahrzeug. Nur mein Gatte macht diese kleinkrämerischen Unterschiede. Weil SEIN Touran natürlich immer tiptop krümelfrei und spielzeugbefreit ist. Des Weiteren fliegen keine Stofftiere, Legokleinteile, aufgerissene Stickerpackungen und lang vermisste, angeblich verschollene Einzelhandschuhe oder Zweitmützen herum.

Völlig einleuchtend natürlich auch in diesem Zusammenhang, dass SEINE Sitzpolster frei von ausgehärteten Schokoladenschmierflecken, verborkten Lutscherresten, steinhart gewordenen Nimm-Zwei-Bonbons (oder ist das doch Bernstein?) und wieder ausgespuckten, dafür aber durchgekauten und selbstklebenden Brötchenresten sind.

MEIN Touran hingegen ist nach Ansicht meines Gatten, dem behördlich zugelassenen Kontrollinspekteur der Spießerfirma »Reinlich & Kleinlich«, eine ekelhafte, durch und durch versiffte Messiekutsche. Angeblich hätte er neulich so viel schmodderigen Mutterboden aus dem Auto geschaufelt, dass er damit endlich die zwei Meter große Yucca-Palme auf dem Balkon in die alte Gulaschkanone umtopfen konnte.

Sein Lieblingsspruch: »Demnächst können ja alle Kinder zu uns ins Auto kommen zum Sandburgen bauen. Denn in den Sandkästen kann ja kein Sand mehr sein.« Ist der witzig, mein Mann. Und so klug! Deswegen muss er sich ja auch immer aufregen, wenn der Radiosender auf »EinsLive« eingestellt ist und nicht auf – Achtung Bildungsbürger! – »Deutschlandradio Kultur«. Weil der feine Herr ja so intellektuell ist. Wer Germany's Next Topmodel ist, wollen ja nur die Bekloppten wissen. Aber wie die Premiere von Herbert Schwanrichters verstörendem Einmanntheaterstück »Der klaustrophobische Kreide-Klaus« in der Wolpertshausener Gustav-Gründgens-Aula gelaufen ist, das sollte jeder, aber wirklich jeder, auf dem Kulturschirm haben. Selbstverständlich! Natürlich! Das ist genau das, was die Kinder auf einer langen Urlaubsreise im Auto vor Interesse ehrfürchtig verstummen lässt. Wo jeder mit gesundem Menschenverstand sagen würde: »Da bin ich aber mal gespannt, ob ich neugierig bin.« Wenn einen das nicht in die Arme von Benjamin Blümchen treibt, dann weiß ich es auch nicht.

Aber so ist er, mein Süßer. Da ist er dann doch eher ganz Durchschnittsmann. Beim Auto hört der Spaß auf. Obwohl er bezeichnenderweise nie angefangen hat. Das ging schon bei der Anschaffung los. Da wurden Prospekte gehortet und im Internet konfiguriert, was der Arbeitsspeicher hergab. Völlig losgelöst von Vernunft und finanziellem Sachverstand, wurde ernsthaft überprüft, ob so ein Aston Martin eventuell nicht auch mit Anhängerkupplung bestellt werden könnte, weil uns doch Schwiegervater dann für die Urlaubsfahrt den alten Anhänger leihen könnte. Ich habe nur fragend die Augenbrauen hochgezogen, da war schon wieder dicke Luft im mobile.de-Büro. Also habe ich schnell darauf hingewiesen, dass ich den ohne Anhängerkupplung aber schicker finden würde und er mir den ruhig kaufen könnte. So konnte er nämlich direkt auf vernunftgesteuertes Finanzgenie und Ratiopapst umschalten. »Typisch Frau. Weißt du eigentlich, was der kostet? Das glaub ich einfach nicht. Weißt du was? Am besten kümmerst du dich um die Farbe. Den Rest mache ich dann wohl besser.«

Der Rest war schnell geklärt. Denn ich wollte unbedingt einen Touran haben, den fand ich praktisch. Außerdem mag ich das, wenn man ein bisschen höher sitzt und ordentlich was in die Karre reingeht. Schließlich fahre ich nicht auf dem Nürburgring, sondern zu Lidl. Und zwar vernünftig. Mein Mann behauptet zwar, wenn alle so fahren würden wie ich, würde der fließende Verkehr zum Erliegen kommen. Worauf ich gerne mit einem feinen Lächeln um die Mundwinkel darauf aufmerksam mache, dass – wenn alle so fahren würden wie ich – zumindest alle Verkehrsteilnehmer dann ja wohl null Punkte in Flensburg hätten und nicht 14.

Ja, mein kleiner Schumi hat sich seine 14 Punkte hart zusammengefahren. Da ist nicht ein Punkt wegen Handy am Steuer oder einer roten Ampel, nein, das sind alles Rekordrunden und im täglichen Qualifying auf dem Weg ins Büro herausgefahrene Bestzeiten. Deswegen sage ich auch immer mit großen Welpenaugen und selbstredend völlig frei von Gehässigkeit zu ihm: »Ach, mein schnuckeliger kleiner

Speedy Gonzales. Und damit das der Nachwelt auch erhalten bleibt und gewürdigt wird, was du für ein Spitzenfahrer bist, machen die eben ab und zu ein Überraschungs-Foto mit Geschwindigkeitsangabe und Preisgeld.«

Ganz ehrlich, Mädels, ich weiß echt nicht, warum das überhaupt »Idiotentest« heißt. Meiner Ansicht nach liegt die Sache doch ganz klar auf der Hand. Wer 18 Punkte hat, muss auf »Idiot« nicht erst getestet werden.

Aber zurück zu meinem Touran, den ich unbedingt haben wollte und den er dann schließlich aussuchen durfte. Bis auf die Farbe selbstverständlich. Ich seh das so: Ein Auto ist ein Gebrauchsgegenstand und da gibt es keinen Grund, mit einer Zahnbürste die Alufelgen zu schrubben oder so zu tun, als ob die Karre wie eine Wohnung einmal in der Woche grundgereinigt werden müsste.

Ich schlafe nicht in dem Ding, ich koche nicht in dem Ding und ich empfange auch keine Freundinnen zum Kaffeeklatsch in der Blechschaukel. Und außerdem reicht das doch auch, wenn mein kleiner Meister Proper einmal in der Woche mit seinem Eimerchen und dem Cockpit-Spray zwei Stunden in der Garage wulackt und dabei die Bundesliga-Konferenz hört. Dabei wird er tatkräftig unterstützt von unserem Ältesten, der, während Papa vorne saugt, hinten mit einem zerfledderten Milchbrötchen für beständigen Krümelnachschub sorgt. Meine Männer und ihr Auto. Gut, dass wenigstens nicht ich um das goldene Kalb tanze. Aber neulich in der Stadt habe ich mal so einen Aston Martin gesehen. Schickes Auto. Im Nachhinein muss ich sagen: Den würde ich wohl auch mit Anhängerkupplung nehmen. Beim nächsten Mal.

»Das mach' ich alles, wenn der schläft!«

Die herrliche Vorfreude werdender Mütter.

Vor vier Jahren traf ich eine gute alte Freundin vor H & M, dem klassenlosen Haute-Couture-Tempel für die gesamte Familie. »Neiiiin, Caaarooo! Sag, dass das nicht wahr ist!!! Bist du jetzt endlich auch schwanger?« Zugegeben – auf den ersten Blick ein gewagter Einstieg ins Gespräch, denn – was der Außenstehende ja nicht weiß und auch nicht wissen kann – Caro und Heiner versuchen schon seit Jahren, ein Kind zu bekommen. Das heißt: Eigentlich wollte Heiner immer ein Kind, aber sie wollte – ich zitiere – nicht einfach so ihre Waaahnsinnskarriere aufgeben. Wenn sie also jetzt wie Moppel-Ich durch die City schnaufte, könnte es ja auch theoretisch sein, dass sie einfach »nur so« dick geworden ist. Aber als Mutter bildet man sich ein, diesen unbestechlichen Blick zu haben, quasi einen Röntgen-Schwangerschafts-Indikator-Blick, im Prinzip das patentierte visuelle Ultraschallgerät. Natürlich sieht man es auch an dem Glanz in den Augen, der Aura des Glücks. Und wenn wir ehrlich sind, selbstverständlich auch an den Hautirritationen, den struppigen Haaren und den leider manchmal nicht zu vermeidenden, sehr unschönen Wassereinlagerungen, die in einem bestimmten Profilwinkel einen furchtbaren Anblick bieten.

Ich weiß, wovon ich rede, ich habe während meiner zwei Schwangerschaften zu Hause mehrere Spiegel umgehängt und aus meinem Blickfeld verbannt. Ich möchte an dieser Stelle nicht versäumen, ein besonders heimtückisches Exemplar dieser Zerrbilder erzeugenden Spezies nachdrücklich für immer zu brandmarken. Es handelt sich um den antiken Barock-Spiegel von NanuNana, den ich erst nach dem Abstillen wieder im Gästeklo aufgehängt habe. Glaubt es oder glaubt es nicht, ich bilde mir ein, seitdem festgestellt zu haben, dass meine Freundinnen nach dem Besuch dieses heimeligen Etablissements immer etwas missgelaunt zurück ins Wohnzimmer gekommen sind. Aber ich schweife ab. Zurück zu Caro.

Wie eingangs bereits erwähnt, hatte ich bei Caro instinktsicher den Schwangerschaftsnagel auf den Kopf getroffen. Sanft streichelte sich Caro über ihre beginnende Wölbung und gurrte wie eine selige Taubenmami, die es nicht erwarten konnte, ihre puscheligen Jungen im kuscheligen Nestchen zu sehen: »Liiiisa, wir sind ja soooo happy! Perfekter als wie bei uns geht es doch auch gar nicht.« Ich wusste natürlich sofort, worauf Caro grammatikalisch gewohnt etwas unbeholfen anspielte.

Nicht, dass wir uns falsch verstehen: Caro ist wirklich ein ganz, ganz, ganz lieber Mensch. Und das meine ich wirklich völlig ironiefrei. Mit Caro kann man über alles reden, nur, wenn es um ihren Beruf geht, wird die Sache heikel wie eine verminte Gästetoilette im syrischen Präsidentenpalast. Die Sache stellt sich so dar: Wenn man Caro fragt, dann ist sie eine brillante Künstlerin, deren Bilder selbst in erfolgsverwöhnten Künstlermetropolen wie New York, London oder Barcelona auf dem freien Markt eine Chance haben könnten. Darum ist für Caro auch der nächste logische Schritt, einfach mal demnächst in der Tate Gallery die längst überfällige Ausstellung anzuleiern. Hust.

Selbst wenn ich die Sache aus freundschaftlichem Blickwinkel etwas gütig und wohlwollend betrachte, sollte Caro meiner Meinung nach damit zufrieden sein, wenn das Rathaus in Castrop-Rauxel überhaupt mal mit dem Gedanken spielt, im Foyer in einer unbeleuchteten Ecke ein Exemplar ihrer Exponate testweise aufzuhängen. Selbstverständlich auf Kommissionsbasis und im Rahmen der Förderaktion »Die Volksbank präsentiert: Lokale Künstler malen für den Frieden«.

Also fragte ich recht vorsichtig, aber voller Hoffnung: »Ja klar, du wirst ja sicherlich jetzt mal für 'ne Weile, keine Ahnung, was weiß ich, drei oder vier Jahre, die Malerei stark einschränken, oder?« Caro brach in Gelächter aus. »Witzig, das hat Heiner auch gesagt. Ihr Süßen, ihr macht euch einfach zu viele Sorgen!« Von wegen! Wenn die arme Caro wüsste, dass Heiner sage und schreibe sieben verschiedene gefälschte Accounts auf Ebay hat, wo er für viel Geld ihre schangeligen Bilder kauft.

Caro, wenn du das hier liest: Es tut mir leid. Wir lieben dich, aber wir finden eigentlich, dass du alles andere – egal, was es ist – besser kannst als malen. Und ich spekuliere natürlich darauf, dass der liebe Heiner die komplette Erstauflage dieses Buches aufkauft, damit sein kleines Geheimnis gewahrt bleibt und du die Wahrheit nie erfährst. Das ist auch Liebe!

Mit betont ernsthaft besorgtem Gesichtsausdruck und unbeeindruckt von meinen eigenen Gedanken hörte ich ihr weiter zu. »Nein, Lisa, da wär ich ja schön blöd. Ich hab doch diesen dicken Auftrag auf Castrop-Rauxel. Und außerdem ist das doch alles total easy. Am Anfang schlafen die Babys doch die ganze Zeit. Außerdem werde ich voll stillen, da geb ich dem kleinen Spatz zweimal die Brust und fertig. Den Rest der Zeit mal ich einfach.« Und wie zur Bekräftigung setzte sie noch mal nach: »Nee, Lisa, da wär ich ja schön blöd, wenn ich diese ruhige Zeit nicht im Atelier nutzen würde.«

Kinners, seien wir ehrlich, Frauen wie Caro kennen wir routinierten Mütter doch alle. Und egal, ob diese Caros lieb, nett, doof oder schlau sind, eigentlich stellt sich doch immer nur eine Frage: Sagt man's ihr, oder sagt man's ihr nicht? Nämlich, dass so ein wunderbares kleines menschliches Wesen ihr bisheriges Leben komplett auf den Kopf stellen wird? Dass kein Stein mehr auf dem anderen stehen wird? Und dass ein Kind sogar ein ernsthafter Prüfstein für die sicher geglaubte Liebe der Eltern sein kann?

Ich weiß noch genau, wie es bei meinem ersten Kind war. Vier Monate lang wurde der kleine Spatz mindestens sechsmal pro Nacht wach, saugte mich leer und behandelte meine einstmals aufrechten und ansehnlichen Brüste wie eine zerknautschte Dreh-und-Trinkflasche. Und schrie trotzdem noch so erbärmlich und laut, als ob man SpongeBob zur Taubenscheiße-Reinigung am Kölner Dom durchgescheuert hätte. Nettoschlafzeit pro Nacht: Wenn es hoch kam, zwei Stunden. Üppig, aber leider nicht am Stück. Ich war am Ende. Verzweiflung pur. Inklusive Beinahe-Aufgabe der körperlichen Existenz durch vorgezogene Seelenwanderung! Man überlegt schon, ob man sich das Frühstücksbrötchen nicht einfach mal mit Heroin statt Honig beschmieren sollte. Einfach so, damit alles etwas ruhiger wird.

Also, sagt man es ihr, oder sagt man es ihr nicht? Dass der Göttergatte plötzlich auf seinen Schlaf nicht verzichten kann, weil ja wenigstens EINER hart arbeiten müsse, um die Familie zu ernähren? Deswegen schläft der Arme natürlich auch nicht mehr im Schlafzimmer. Er braucht halt seine Ruhe. Und wenn man ihn weckt, weil man es einfach nicht mehr aushält, dann ist er als Hilfe sowieso ein Totalausfall beziehungsweise so hilfreich wie Daniela Katzenberger beim Erklären der Relativitätstheorie. Also lässt man ihn lieber schlafen. Ein unbeholfenes Kind reicht.

Und selbst, wenn es einer der Spezies ist, die immer mit aufsteht und versucht, alles richtig zu machen, es nutzt am Ende doch nichts. Nicht wirklich. Denn davon schläfst du trotzdem nicht. Es hat aber zumindest den großen Vorteil, dass es die Liebe und den Respekt füreinander entscheidend verlängert.

Also, sagt man es ihr, oder sagt man es ihr nicht? Dass auf der emotionalen Seite Gott sei Dank auch alles auf den Kopf gestellt wird? Weil man einfach nicht begreifen kann, wie abgöttisch man so ein kleines hilfloses Engelsgeschöpf lieben kann? Wobei einem das Wort lieben noch viel zu klein vorkommt für die emotionale Urgewalt, die das Herz überflutet wie eine gigantische Liebeswelle, die nicht zu stoppen ist? Wobei mir das Wort gigantisch noch viel zu mickrig ist! Ganz ehrlich, ich habe mich jeden Tag trotz aller Schwierigkeiten gefragt, wie ich bislang nur ohne dich leben konnte, *mein geliebtes Kind*! Wenn ein Mann klug ist, wird er wissen, dass er nach der Geburt eines Kindes im Herzen einer Frau nie mehr Platz 1 sein kann. Entspannt euch, Jungs, das ist nicht böse gemeint, sondern einfach nur die göttliche Natur. Die gehört eben bei uns Frauen zur Serienausstattung. Und euch lieben wir ja trotzdem noch!

Also, sagt man es ihr, oder sagt man es ihr nicht? Nein, man sagt es ihr nicht. Das muss jeder selber herausfinden. Außerdem wollte ich das selber auch nie hören. Im Gegenteil: Mir sind die Leute immer so was von auf die Nerven gegangen, die mir erzählen wollten, dass bei mir alles genauso sein würde wie bei ihnen. Also, Klappe halten und ein freundliches Gesicht machen.

Witzigerweise habe ich Caro danach drei Jahre nicht mehr gesehen. Erst beim St.-Martins-Umzug in unserem Viertel verhedderten sich zufällig unsere Laternen im allgemeinen

Rabimmel-Rabammel-Rabumm-Gewimmel. »Liiisa, was machst du denn hier? Das ist ja schön, dass wir uns mal sehen.« – »Ja, Caro, du bist ja lustig. Ich hatte eher das Gefühl, du wärst ein paar Jahre im Ausland gewesen, oder haben dich die »Men in Black« geblitzdingst? Man hat ja gar nichts mehr von dir gehört oder gesehen.« – »Boah, Lisa!« Caro schüttelte den Kopf wie ein leidgeprüfter Wackeldackel auf einer schlaglochübersäten Schotterstraße. »Wenn ich DAS gewusst hätte! Ich musste so oft an unser letztes Gespräch vor der Geburt denken. Weißt du noch, vor H & M? Wenn ich damals geahnt hätte, dass nach der Geburt mein komplettes Leben in Trümmern liegt und kein Stein mehr auf dem anderen steht, dann hätte ich bestimmt nicht so schlau dahergeredet. Und neulich treff' ich 'ne gute Bekannte, und während die mir erzählte, was sie so alles macht, wenn das Kind erst einmal auf der Welt ist, hab ich die ganze Zeit nur ein freundliches Gesicht gemacht und gedacht ...« Mädels, da konnte ich nicht mehr! Ich fiel ihr grinsend ins Wort und wir sagten unisono: »Sag ich's ihr oder sag ich's ihr nicht?«

»Heute kann es regnen, stürmen oder schnei'n ...«

Mein Kind hat Geburtstag, das muss gebührend gefeiert werden.

Ein Kind hat Geburtstag. Mein Kind hat Geburtstag. Das muss gebührend gefeiert werden. Das ist der Tag, an dem sich jede Mutter daran erinnert, wie dieses kleine Menschenkind das Licht der Welt erblickt hat. Ohhh Mann, das war was! Ich zelebriere das jedes Mal ganz bewusst aufs Neue. Und dann sehe ich mich und meinen Süßen in unserem alten, klapprigen Passat in die Klinik fahren. Auf der Hälfte des Weges sind wir wieder umgedreht, weil der Schussel die Tasche vergessen hatte.

Ausgerechnet die Tasche, die schon seit Wochen still und stumm neben dem Nachttischchen stehend auf ihren großen Einsatz gewartet hat. Wie konnte er die nur vergessen? Ich war nicht mehr in der Lage, die Tasche zu tragen, denn ich musste ja meinen Wehenbauch festhalten. Mein ach so abgeklärter Gatte war – nachdem ich ihn erst mal halb durchprügeln musste, damit er wach wurde – nicht mehr wiederzuerkennen. Hektisch zog er sich an und huschte wie ein aufgescheuchtes Huhn durch die Wohnung. Ich dachte nur still: Der wird mir ja eine ganz große Hilfe sein, wenn das jetzt so weitergeht. Manchmal hatte ich dann im

Verlauf der Geburt noch die schlimme Befürchtung, dass meine Schmerzen ihm mehr zusetzten als mir. Die Hebamme machte mehr als einen Versuch, das nervöse Wrack zu beruhigen.

Und jetzt jährt sich der Geburtstag unseres Goldengels zum fünften Mal, und mein kleiner Prinz hatte schon seit Wochen jeden Abend vor dem Einschlafen gebetet, dass dieser Geburtstag doch bitte schön schlicht und ergreifend der schönste Tag im Jahr wird. Und daran arbeiteten alle mit dem nötigen Ernst und Hochdruck, die ganze Familie. Und natürlich die Hauptfigur, unser Geburtstagskind. Unser Familienschatz. Ich kann mir nicht vorstellen, dass es in anderen Familien anders läuft. Das Prozedere ist gleich, nur die Namen sind austauschbar! Da werden Wunschzettel gemalt, gebastelt und von den Erwachsenen penibel erfüllt. Da rennen Oma, Opa, Onkel, Tante – da rennen alle los, um Toys'R'Us leerzukaufen. Und zwar komplett. Denn: Schenken ist ja nicht mehr einfach nur Schenken. So simpel läuft das heute nicht mehr.

Ich weiß schon, was Sie sagen wollen: Wenn wir uns damals einfach eine Discobarbie gewünscht haben, dann haben wir die bekommen und fertig. Aber wie schon gesagt – soo einfach ist das heute nicht mehr. Da muss die Oma erst mal mit 'nem Englisch-Crashkurs und 'nem Wörterbuch fürs Shoppen gerüstet werden.

Klar, auch ich erinnere mich noch, wie ich vor 25 Jahren mit Opa Walter ein Geschenk für meinen Cousin gekauft habe. Bei Horten in der Schallplattenabteilung. An der einen Hand war ich, und in der anderen Hand hatte Opa einen Zettel, den er verkrampft in der Hand hielt wie Gollum den blöden Ring. Als wenn die darauf gekritzelte Ur-Suppenformel sonst für immer der Menschheit verloren gehen würde. Einer der coolen Mitarbeiter muss die Verzweiflung von Opa Walter gespürt haben und fragte ihn höflich, was er denn suchen würde. Darauf nahm der gute Opi sein Herz in die Hand und sagte mit fester Stimme: »Ich suche eine Schallplatte. Haben Sie von *Kiss* das Lied ›Heavy Metal‹?« Eine halbe Stunde später wusste er, dass der Mitarbeiter ihn nicht wirklich auslachen wollte. Und dass Heavy Metal eine Stilrichtung und Kiss eine Rockgruppe ist. Von denen Opa noch Jahre später beeindruckt erzählte, dass er die schon mal in einem hochseriösen Ufo-Film von Erich von Däniken gesehen hätte.

Das Schöne an solchen Geschichten ist ja, dass sie sich so oder so ähnlich immer wiederholen. Ich hab es erlebt. Dieses Jahr. Die Story ist schnell erzählt: Da steht also Tante Mechthild mit ihren putzmunteren 84 Jahren vor unserem Schatzemann, knarzt sich mit ihrem morschen Gebälk nach vorne, und mit raspelnder Fistelstimme fragt sie wie die Hexe Schrumpeldei unseren Süßen: »Was wünschst du dir denn?« – »Wii oder X-Box. Wii oder X-Box. Wii oder X-Box, Tante Mechthild. Wii oder X-Box. Nix anderes.« – »Aha!«, sagte die Hexe alias Tante Mechthild, und ich überlegte ernsthaft, ob ich ihr das nicht besser erklären sollte. Aber ich wollte nicht so neunmalklug rüberkommen, und da die Tante das »Aha« so selbstsicher gesagt hat, habe ich dann doch geschwiegen.

Worauf die arme Tante Mechthild zum nächsten Elektronik-Großmarkt gestiefelt ist und zum erstbesten Verkäufer in der Handyabteilung gesagt hat: »Junger Mann, ich hätte gerne eine Wix-Box.« Der Verkäufer, völlig erschüttert: »Was möchten Sie?« Worauf Tante Mechthild wiederum, schon nicht mehr ganz so sicher, etwas zurückruderte, aber immer noch selbstbewusst genug sagte: »Ja, so 'ne äääääh Wix-Box!« Dabei wedelte sie mit der Hand hoch und runter. Weil doch unser Schatz ihr vorgemacht hatte, wie so was funktioniert.

Weil der Verkäufer bei »Wix-Box« und dem etwas unglücklichen Handgewedel wohl eher vermutet hat, dass die alte Dame einen Sky-Decoder mit Erotikprogramm (daher ja auch der Ausdruck Schüttelfilme) kaufen wollte, rutschte das Verkaufsgespräch in einen waschechten Loriot-Sketch ab. Der Verkäufer biss sich vor Lachen die halbe Backe weg, um ernst zu bleiben: »Aha, so 'ne Wix-Box!« Dazu wiederholte er die mehr als eindeutige Wedelbewegung mit der rechten Hand. Jetzt wurde Tante Mechthild etwas verlegen, und da sie ahnte, dass sie etwas falsch gemacht hatte, versuchte sie es mit einem erprobten Beschwichtigungsklassiker für solche prekären Situationen: »Ja, ist ja nicht für mich. Das ist ja für meinen Neffen.«

Hier möchte ich Tante Mechthild dann doch mal ausdrücklich in Schutz nehmen: Ganz ehrlich, Leute, X-Box, Nintendo DS 3D, Playstation und natürlich Wii, davon ist die normale Großmutter so weit weg wie Victoria Beckham von einer Sachertorte. Man steigt ja selber doch schon gar nicht mehr durch. »Wii«, da hab selbst ich damals erst mal gedacht, das ist französisch und heißt »ja«. Für einen Irrtum muss man keine alte Dame sein. Ich weiß schon, was Sie fragen wollen: Und was ist jetzt aus der Wix-Box geworden? Das kann ich Ihnen sagen. Jetzt stehen wir alle im Wohnzimmer und hauen mit der Wix-Box Löcher in die Luft.

Zeit also für eine erste Geburtstagsbilanz: Geschenke von älteren Familienmitgliedern sind immer gut für ein Drama. Aber der Geburtstag selbst ist natürlich auch nicht ohne. Um halb 5 stand der Kleine hellwach und mit Schnappatmung am Bett. »Mama, ich kann nicht schlafen.« – »Warum denn nicht?« – »Wo sind denn die Geschenke?« – »Schatzi, bitte, lass Mami noch 2 Stunden schlafen. Nur 2 Stunden, ja?« – »Na gut.« Zehn Minuten später waren die 2 Stunden offensichtlich um. Ich gab auf.

Weitere fünf Minuten später saß der kleine Prinz dann strahlend im festlich geschmückten Wohnzimmer. Rolf Zukowskis Freunde schmetterten sich durch »Wie schön, dass du geboren bist«, und unter einem Berg von zerrissenem Geschenkpapier hörte ich mein Kind triumphierend jubeln: »Oh, cool, Supermario und so. Aber Mama, warum hab ich keinen Hund gekriegt?« – Völlig übermüdet und kurz vorm Wegdösen murmelte ich: »Och Schatzi, son Hund ist einfach zu viel Arbeit. Und außerdem haben wir doch Papi. Den kannst du auch knuddeln. Und Haare verliert der auch.« Dass der im Schlafzimmer sogar manchmal bellt, hab ich einfach mal untern Tisch fallen lassen. Kinder müssen nicht alles wissen.

Den Kleinen habe ich dann erst mal in den Kindergarten gebracht und alles für die große Nachmittagsparty vorbereitet. Kuchen gebacken und Hunderte Ballons mit so viel Liebe und Hingabe aufgeblasen, dass selbst der Gatte zwischendurch mal neidisch rüberguckte und ganz offensichtlich dachte: »Was hat dieser Ballon, was ich nicht habe.« Um 3 Minuten vor 3 klingelt's, und die ersten kleinen Strolche stehen vor der Tür. Nach und nach trudeln alle Eingeladenen ein. Kleine Bilanz nach 10 Minuten:

1. Kuchen essen dauerte 5 Minuten, weil alle nur die Smarties abgeknibbelt haben und den Kuchen sowieso doof fanden. »Iiih, der ist ja mit Möhren.«
2. Die liebevoll und akribisch vorbereitete Schnitzeljagd hatte sich genauso schnell in Wohlgefallen aufgelöst, weil irgend so ein dämliches Rotzbalg rumlabern musste: »Ich weiß, wo der Schatz ist. Im Baum.«
3. Leider kam ich aus dieser Wut nicht mehr raus, weil dieses dämliche Rotzbalg natürlich niemand anderes war als mein Sohn. Schwamm drüber. Er hatte halt Geburtstag. Ich würde ihn am nächsten Tag zur Verant-

wortung ziehen. Na warte, Bürschchen! Durch diesen Wutnebel hörte ich mich noch flöten: »Wollen wir nicht mal Sackhüpfen machen? Oder Eierlaufen?« Unglaubliche Jubelstürme sehen anders aus. Bei den Kleinen herrschte eine Begeisterung wie beim Rosenkohlessen. Ich hab mich auch sofort schwarz geärgert, dass mir nix Besseres eingefallen ist. Sackhüpfen und Eierlaufen, das ist soooo hip! Da ist die Mutti ganz weit vorne. Echter Modern Style.

Ich bin ja auch selber schuld. Warum hab ich nicht einfach 'ne Mottoparty gemacht? Warum bin ich nicht eine von diesen topaktuellen Müttern, die in ihrem akkurat geschniegelten Wohnzimmer »Fluch der Karibik« detailgetreu nachstellen, inklusive gefluteter Terrasse und Degenkämpfen? Ist doch mittlerweile Standard, oder? Kein moderner Kindergeburtstag mehr ohne Motto.

Und wissen Sie, wohin das führt? Das kann ich Ihnen erzählen: In der Nachbarschaft war mein Kleiner neulich zum Kindergeburtstag eingeladen. Und das Motto war: Berühmte Liebespaare. Hallo? Die werden sechs! Liebespaare? Als was sollen die Kleinen denn gehen?!

Mein Sohn und sein bester Freund kamen irgendwann stolz mit dem Ergebnis ihrer Überlegungen um die Ecke: Mami, wir gehen als Bambi und Klopfer! Ooooh, das fand ich so süß! Und dann haben wir sein Gesichtchen geschminkt, hinten an die braune Jogginghose noch so 'n weißen Puschel drangenäht ... das ganze Programm. Niiedlich.

Ich brachte die Kinder also zu der Party. Vor der Haustür trafen wir auf Dustin und Jamie-Lee. Ich war etwas erstaunt, denn ich hab die Verkleidung der beiden gar nicht erkannt. Ich frage also etwas übertrieben freundlich: »Mensch, Jamie-Lee und Dustin, ihr seht ja süß aus. Toooollllll, na, dann geht mal rein. Hm?« Hilfesuchend drehte ich mich um zu Jamie-Lees Mutter: »Gisela, hilf mir mal, wer sollen denn die beiden sein?« Und Gisela antwortet freudestrahlend (sich selbst beömmelnd): »Bill Clinton und Monica Lewinsky. Das fand der Manfred so witzig.« Soso. Der Manfred. Ich habe schnell Tschüüüüss! gerufen und dann so getan, als ob ich ganz dringend los müsste und mir im Auto selber eine SMS geschickt (damit ich es bloß nicht vergesse): Gisela und Manfred sind echt krank. Bill Clinton und Monica Lewinsky – ich glaube, es hakt! Dann vielleicht doch lieber Eierlaufen und Sackhüpfen.

Na ja, um auf unseren Kindergeburtstag zurückzukommen: Am Ende hab ich – zumindest in den Augen der Kinder – doch noch was richtig gemacht. Abendessen bei McDonald's. Und es ist mir völlig egal, was Sie jetzt von mir halten. Ich war fertig mit Schönschreiben. Sollten die kleinen Gremlins doch dem blöden Ronald-McDonald-Clown die Bude verschmieren. Aber nicht mir. Und als alle endlich weg waren umd mein kleines Geburtstagskind endlich schlief, war ich platt wie ein Schnitzel.

Ich lag also mit meinem großen Schatz im Bett und hatte schon einen Sack vom Sandmännchen im rechten Auge (ich meine den Sandsack!). Und wie ich so am Wegdösen war, merkte ich, wie von links plötzlich eine fahrige Hand unter meiner Decke nestelte. »Mausi …« Ich dachte, ich werd' nicht mehr: »Du, Schatz, das ist echt lieb gemeint, aber heute läuft nix mehr. Ich bin echt zu müde.« – Und er: »Och, wie schaaade.« – Ich hauchte ihm ein letztes Küsschen zu: »Nicht traurig sein, Schatz, nimm einfach die Wix-Box.«

»Mami, ich muss mal!«

Die Folgen einer vergessenen Wickeltasche.

Neulich in der Stadt war es wieder so weit. Die One-in-a-million-Begebenheit. Die Eher-trifft-dich-der-Blitz-beim-Scheißen-Situation. Das Da-müsste-es-schon-mit-dem-Teufel-zugehen-Erlebnis. Die Ausnahme-von-der-Regel-Situation. Wobei ich mir natürlich schon darüber klar bin, dass jedes Kind nur durch die Ausnahme von der Regel entsteht. Hihi. Nein, ich löse noch nicht auf. Ich erhöhe. Denn normalerweise ist es doch so: Ich verlasse in der Regel (hihi) das Haus niemals ohne meine Tasche. Wie, denkt sich jetzt die Leserin, eine vergessene Tasche soll der Beginn einer heißen Story sein? Hallo, Frau Feller? Das hört sich so spannend an wie Rügenwalder Teewurst. Oder irgendeine Sendung mit Jörg Pilawa. Tatsächlich jedoch ist für eine Mutter eine vergessene Tasche wie ein nicht abgegebener Lottoschein mit sechs Richtigen. Eine Tragödie mit Zusatzzahl. Eine Katastrophe biblischen Ausmaßes. »Armageddon« meets »Haialarm auf Mallorca«. Wahrscheinlich sitzt Roland Emmerich schon irgendwo in Hollywood an seinem Schreibtisch und schreibt an einem Drehbuch für einen Weltuntergangsfilm mit dem Titel »The day after – The lost Tasche«. In den Hauptrollen Jack Nicholson als völlig irre gewordener Taschenfinder und Ralf Möller als gutherziger, aber auf verlorenem Posten kämpfender Weltenretter. Die Kritik wird später schreiben: »Möllers Spiel hat die Tiefe einer Badehosen-Tanga-Innentasche. Seine hölzerne Geschmeidigkeit empfiehlt ihn höchstens für einen Gastauftritt bei der Augsburger Puppenkiste.«

Liebe Mädels, schon gut, schon gut. Spaß muss sein. Aber machen wir uns nichts vor, so eine Tasche ist wichtiger für uns Muttis als die olle Peitsche für Indiana Jones. Denn so eine Muttitasche ist noch geheimnisvoller als der heilige Gral. Mein Mann weigert sich sogar, in meine Tasche zu packen, weil er Angst hat, dass ihn eine heimtückische Alienmuräne in den Schlund der Tasche zieht und er durch ein Raum-Zeit-Kontinuum in einer anderen Welt landet, in der Männer zwar vorhanden, aber eigentlich überflüssig sind. Ich sag dann immer: »Schatz, stell dich nicht so an. Du musst doch nicht Angst haben vor etwas, was du schon kennst.«

Ich selber habe manchmal richtig Respekt vor diesem Wesen »Tasche«. Was da alles drin verschwindet in diesem schwarzen Lederloch, das kann man mit bloßen physikalischen Maßstäben eigentlich nicht erklären. Meine Tasche ist quasi der Prototyp, die Blaupause, die Originalvorlage der Tasche von Mary Poppins. Glaube ich jedenfalls. Was da alles drin sein muss!

Butterkekse, Trinkflasche, Schnullli und Ersatzschnulli, Feuchttücher sensitive (ohne Alkohol), eine lose zusammenfaltbare und abwaschbare Wickelunterlage, Windeln, Wundcreme, Ersatzbody (Langarm, Kurzarm), Hose, Pulli, Socken, Lätzchen, Löffel, Feuerzeug, Einwegspritze (ohne Kanüle, es handelt sich hier ja schließlich nicht um die Tasche von Courtney Love). Weiter geht's. Gläschen, Milchpulver, Schnuffeltuch, Ersatz-Lieblingskuscheltier (Original bleibt selbstverständlich zu Hause im Safe), »Mein erstes Fühlbuch« und eine Ganzjahres-Mütze. Denn auch im Sommer gilt Vorsicht vor plötzlichen Wetterumschlägen: »Du, das wurde aber abends auf einmal richtig frisch. Man konnte zwar gut ohne Jacke, aber der Wind war sooo kalt. Gut, dass ich die Mütze noch dabeihatte.«

Das müsste es eigentlich gewesen sein. Zumindest, was das Notwendigste fürs Kind angeht. Ach sorry, nee! Um Himmels willen! Jetzt hätte ich beinah das halbe, angemampfte Milchbrötchen mit Rosinen vergessen, das an den Bissecken natürlich schon ziemlich hart geworden ist. Was aber im Prinzip nicht schlimm ist, da er das ja eh wieder weichlüllt. Manchmal geht es ihm ja auch gar nicht so ums Essen, manchmal hält er einfach nur gerne was in der Hand, der kleine Schatz! Gott, ist der süß. Aber zurück zur Tasche. Da muss natürlich auch noch mein kompletter Kram rein. Lieber männlicher Leser: Nein, meine Handtasche ist kein Trolley Extralarge, der von zwei Haflingern gezogen wird. Es ist halt einfach nur eine – wie ich eingangs ja bereits erwähnt habe – stinknormale Mary-Poppins-Mutti-Tasche. Wenn ich meine Handtasche vor der Haustür ausleere, um den Haustürschlüssel zu suchen, stehe ich a) bis zu den Kniekehlen im Krimskrams. Und bin b) überrascht, wie zur Hölle der ganze Mist eigentlich in meine Tasche passt. Wenn ein Mann diese Tasche tragen müsste, hätte er Oberarme wie die Unterschenkel von Cindy aus Marzahn. Aber das gehört eben auch zum Mythos Frau. Wir können solche Lasten schultern und bleiben trotzdem unfassbar attraktiv. Falls Ihr Süßer was anderes behauptet, haben Sie entweder die falsche Tasche oder den falschen Kerl.

Nur – vergessen darf man sie halt nicht. Und genau da schließt sich der Kreis, und wir sind wieder am Anfang.

Denn eigentlich vergesse ich diese Tasche nie. Manchmal habe ich das Gefühl, ich trage sie schon in der Wohnung. Es ist wie bei diesem Buchtitel: Ohne Handtasche habe ich Phantomschmerzen! Eigentlich habe ich diese Tasche schon umhängen, bevor ich Mantel und Schuhe anziehe. Nur eben an diesem einen verfluchten Tag neulich in der Stadt nicht. Ja, da denkt sich wieder mal die Leserin: »Lisa, beruhig dich, Shit happens.« Rrrrröchtög! Und was für ein Shit.

Ich stand im Schalterraum der Bank und beobachtete meinen kleinen Schatz, wie er gedankenlos mit seinen kleinen Patschepfoten den Bildschirm mit den Börsennews verschmierte. Und dann sah ich es. Seinen leicht abwesenden Blick aus glasigen Augen. Die leicht gerötete Gesichtsfarbe und die leicht gekrümmte Haltung. All das sind körperliche Signale, die mich in helle Panik versetzten, weil ich genau wusste, was als Nächstes passieren würde: Das Wunder der Peristaltik würde sich seinen Weg in die Windel bahnen und von dort aus seine verheerende Wirkung entfalten. Erst dachte ich noch: »Alles halb so schlimm!« Hauptsache, die »MS Stuhl« läuft nicht aus und verlässt den sicheren Pampers-Hafen. Bloß nicht mehr auf den Arm nehmen, Druckstellen vermeiden und ihn im Kinderwagen nur knien lassen. Das wird auch Amnesty International verstehen. »Nicht heulen, Lisa« beruhigte ich mich. »Auch, wenn du die Tasche nicht dabeihast – nicht durchdrehen. Du klemmst dir den kleinen Spatz horizontal untern Arm, und dann gehste einfach schnell zum nächsten dm-Markt.« Denn die haben da diese praktischen Wickelstationen mit allem Pipapo. Gesagt, getan.

Unangenehmer Nebeneffekt: Wenn man sich da so mit diesem Volle-Buchse-Kind unterm Arm durch die Samstagsnachmittags-Massen pflügt, fühlt man sich wie ein schnaufender Trecker, der seinen triefenden Jauchewagen hinter sich herzieht. Es kommt einem vor wie das reinste

Spießrutenlaufen. Verachtende Blicke, Naserümpfen und immer diese mitleidsvollen, leicht herablassenden Blicke der anderen Mütter, die selbstverständlich ihre Tasche nicht vergessen haben.

Schweißgebadet steht man dann im völlig überfüllten Drogeriemarkt, denn natürlich vergisst man so eine Tasche am besten im Winter. Das Kind im Schneeanzug und ich in der Blizzard-tauglichen Daunenjacke, die zwar mit MINUS 40 °C kein Problem hat, aber bei PLUS 25 Grad die Schweißdrüsen derart befeuert, dass man das Gefühl hat, von den Fell-Boots aufwärts im eigenen Saft zu stehen. Eigentlich hatte ich mich mit dieser unwürdigen Situation schon abgefunden, als mir eine komplett spaßbefreite Mutter mit sauertöpfischer Miene im Vorbeigehen ungläubig zuraunte: »Tasche vergessen?« Was für eine blöde Kuh. Ich bin mir sicher, selbst Dr. Martin Luther King hätte ihr was in ihre miese, niederträchtige Fresse gehauen. So! Wie demütigend, sich das anhören zu müssen. Umso wichtiger war es mir, meine Würde und meine Nonchalance in dieser prekären Situation nicht zu verlieren. Und darum lachte ich beherzt auf, schenkte ihr ein strahlendes Lächeln und säuselte verwundert: »Herzchen, du gehst noch mit Tasche in die Stadt? Wie süß ist das denn!? Du bist aber echt old school, oder? Ist doch alles am Start hier. Sorry, aber Tasche mitnehmen ist echt yesterday. Geht gar nicht. Absolutes No-Go. – Tststs, da komm ich jetzt echt nicht drüber weg.« Und während die Gesichtszüge von Mrs Übermutti entglitten, schnappte ich mir meinen Käpt'n Pampers und ließ die olle Fregatte ohne ein Wort der Versöhnung untergehen.

Zu Hause habe ich natürlich überlegt, was ich unternehmen kann, damit mir das nie wieder passiert. Und da habe ich mir gesagt: »Lisa, komm mal runter, fahr mal 80, cool mal down. Du musst da echt lässiger werden. Dann hast du die Tasche eben vergessen. Macht doch nichts.« Ja,

Leute, macht mir wirklich nichts mehr aus. Ehrlich. Denn ich habe vorgesorgt. Wir haben einfach ein großes Schließfach in der Stadtfiliale unserer Bank gemietet, und da steht sie jetzt. The WICKELTASCHE RELOADED. Eine voll ausgerüstete Ersatztasche. Genau wie die richtige. Fast: bis auf das Brötchen, das ist noch nicht angebissen.

Die Heiligen Drei Könige

Oder: Die Jugend von heute!

Jugendkriminalität hat sich im Laufe der letzten zwei Jahrzehnte auch drastisch verändert! Jugendkriminalität war bei uns damals: eine Schachtel Kippen kaufen (klauen haben wir uns nicht getraut) und am Spielplatz auf ex wegpaffkern! Das musst du mal heute den Kids auf dem Spielplatz erzählen... Lächerlich. Das soll jetzt hier auch keine Moralpredigt werden! So nach dem Motto: Früher war alles besser! Das stimmt nicht, nicht alles war früher besser. Wenn man sogar genau hinschaut, war früher nur wenig besser als heute. Ich bitte Sie: Warum haben wir denn früher als Kinder nur draußen gespielt? Gummitwist oder Himmel & Hölle? Weil wir keinen Nintendo DS hatten. Oder einen iPod. Oder eine Wii. Oder einen Computer mit Internetanschluss. Wenn mir das alles als Kind und Jugendlicher zur Verfügung gestanden hätte – glauben Sie es mir –, dann hätte ich es auch benutzt. Und zwar nicht zu knapp.

Oder nehmen wir als Beispiel doch nur mal das alte Fernsehprogramm! Guck dir doch heute noch mal diese sogenannten Kult-Serien an, zum Beispiel... wie hieß die Serie noch, hier, ich hab's: Das dreckige Dutzend! Nein, nicht ganz... warten Sie ... – genau! Die Waltons! »Gute Nacht, John-Boy!« Ist ja gut. Oder hier: Denver-Clan! Absurd! Oder machen Sie doch heute noch mal eine Radtour mit einem Bonanzafahrrad, da können Sie sich am Kiosk aber direkt gleich noch eine Handvoll kultiger Langnese-Flutschfinger zum Kühlen des pavianrot aufgescheuerten Hinterteils kaufen!

Aber was die Kriminalität angeht, ist die Jugend heute schon ganz schön hart drauf, die ziehen gnadenlos durch! Letztens hat so eine Bande bei unserer »entfernten« Nachbarin Oma Brönkemeier (zwei Straßenecken weiter) eingebrochen und in der Wohnung aber richtig Tabula rasa gemacht. Alles weg: der Schmuck, Toaster, Kaffeemaschine, Fernseher – sogar der alte Volksempfänger wurde eingesackt! Ein weiterer tragischer Verlust: die ›Babyliss PRO Profi Ionic Stativ‹-Trockenhaube auf Rollen mit neuer Ionen-Technologie! »Das ist nämlich« – und hier zitierte die ein wenig verwirrte alte Dame erstaunlicherweise präzise und flüssig aus der Gebrauchsanleitung – »eine Haarhaube, die negativ geladene Teilchen, also die Anionen, in den Luftstrom abgibt, welche gegen eine elektrostatische Ladung der Haare wirken. Ionentrockengeräte erzeugen durch eine Hochspannungskaskade eine hohe Spannung, etwa fünf Kilovolt, die durch einen Pinsel vom Luftstrom umflossen wird. Die Ionisierung der Luft erzeugt …« Hier fiel ihr der tödlich gelangweilte Polizist ins Wort: »Ok, der Fön ist also weg. Fehlt sonst noch was?« Und ob!

Diese Brüder waren so link und schamlos, die haben sogar die Goldkante aus den sauteuren Ado-Gardinen gefriemelt! Und als krönende Boshaftigkeit ihres missratenen Tuns haben diese rüden Unmenschen sogar den Treppenlifter auf die Starkstromphase vom Küchenherd umgepolt. Als sich die arme Oma Brönkemeier dann in ihrem Kummer mit dem Polizeiwachtmeister in die erste Etage begeben wollte, um dort nach weiteren Verlusten zu schauen, nahm das Verhängnis seinen Lauf: Sie drückt auf »Aufwärts«, und das Ding schießt die Treppe hoch wie Apollo 12 auf dem Weg zum Mond!

Gott sei Dank stand oben schon ihr Neffe Hajo und hat sie geistesgegenwärtig aus dem irre gewordenen Sessellift befreit. Wobei geistesgegenwärtig bei Hajo auf gegenwärtig reduziert werden kann. Weil sein Geist meistens nicht gegenwärtig ist. Jedenfalls, wenn man Geist mit Intelligenz gleichsetzt. Hajos Intelligenzquotient liegt irgendwo zwischen Hausschwein und Knäckebrot. Wobei man nicht weiß, ob man da den armen Tieren unrecht tut. Obwohl, Hausschweine sollen ja sogar recht intelligent sein. Deshalb tendiere ich in Hajos Fall eindeutig zum Knäckebrot. Und richtig, ich habe mal auf so eine Packung draufgeguckt. Da stand zwar was von Eiweiß, Fett und Kilojoule und dahinter eine entsprechende Mengenangabe, aber von einer Intelligenzangabe fehlte jede Spur. Bingo! Dass er die gute Oma aufgefangen hat, verdankt sie dann wohl eher seinen guten Reflexen. Und die funktionieren ja bekanntlich ohne Hirnschmalz. Ach Hajo, wenn du das hier liest, sei mir bitte nicht böse. Ich weiß, dass du ein gutes Herz hast.

Die Konsequenz aus dem Drama ließ natürlich nicht lange auf sich warten. Hajo, der große John-Wayne-Fan, mutierte sofort zum Sheriff-Darsteller seiner umfangreichen Westernfilme-Sammlung und eröffnete meinem erstaunten Gatten bei einem zufälligen Treffen vor dem Supermarkt: »Ich hab' jetzt mit Doktor Burghardt die Bürgerwehr Schützenstraße e.V. gegründet, und da läuft jetzt jeden Tag einer von uns in der Straße Patrouille! Und wenn da noch mal so 'n paar Spacken auftauchen, dann sollen die mich kennenlernen!« Mein Schatz nickte irritiert, murmelte etwas von »Hajo Earp und Doc Holiday sind back in town«, war aber letzten Endes sehr glücklich, dass die Glorreichen Zwei von der Bürgerwehr Schützenstraße auf seine Mitwirkung als Hilfssheriff offensichtlich keinen Wert legten. »Siehst du«, sagte ich milde und gütig, »da sieht man mal wieder, dass dein Zivildienst im Nachhinein die richtige Entscheidung gewesen ist.« Danach haben wir dem Thema keine weitere Aufmerksamkeit geschenkt.

Bis zu dem ominösen Tag. Dem 6. Januar, um genau zu sein. Als alles ein bisschen aus dem Ruder lief mit unseren selbst ernannten Helden von der Bürgerwehr. Als mein Süßer an dem Tag gegen 18.00 Uhr von der Arbeit nach Hause fuhr, sah er in der Schützenstraße Hajo wichtig mit seinem Infrarot-Feldstecher, Walkie-Talkie und einem dicken Baseballschläger im schwarzen Overall hinter seiner Rotdornhecke im Kampf gegen das Böse Wache schieben. Von der anderen Straßenseite näherten sich im schummerigen Dunkeln drei halbwüchsige Gestalten dem Hauseingang gegenüber von Hajos Wachposten: dem Hauseingang von Oma Brönkemeier. Im Vorbeifahren bemerkte er, dass es sich bei den drei Gestalten offensichtlich um Sternsinger in ihren schönen bunten Kostümen handelte. Darum sagte er ja noch zu mir, als wir uns im Flur in die Arme fielen: »Schatzi, die Sternsinger sind unterwegs. Hol doch schon mal ein paar Süßigkeiten raus.« Die Packung Celebrations ist allerdings nie abgeholt worden. Was war passiert? Schildern wir die Geschichte doch einfach so, wie Hajo sie uns erzählt hat:

»Lass es fünf Uhr gewesen sein, es war schon dunkel, da sah ich, wie sich drei so Freaks vor dem Hauseingang von Tante Hilde rumdrückten. Alle so um die zwölf bis dreizehn, grelle Klamotten an und jeder einen langen Schlagstock dabei! Aber die sollten mich kennenlernen. Ich habe keinen Schiss vor solchen Asis. Ich dachte nur: So, Freunde der Nacht, euch kauf ich mir. Aber das Ganze musste natürlich wasserdicht sein. Die Schweine am besten auf frischer Tat beim Schlafittchen packen. Was soll ich sagen? Die hatten 'ne ganz miese Masche drauf! Der eine klingelt, der Bewegungsmelder geht an, und da sah ich die Brüder auch ganz deutlich. Zwei Weiße und so 'n Schwarzer! Wahrscheinlich hatte der sich das Gesicht mit Dreck eingeschmiert. So was machen doch keine Amateure! Da war mir sofort klar: Das sind Profis! Das war so 'ne richtige Streetgang! Meine Tante Hilde macht nichtsahnend die Tür auf – und sofort fangen zwei von denen an zu grölen, und während meine arme Tante ihr Portemonnaie rausrückt, schmiert der Dritte seelenruhig den ganzen Hauseingang voll.

Ich also mit einem Panthersprung da rein, jedem eine links-rechts vor die Mappe, zack den Stock untern Hals und die drei Lutscher an die Wand genagelt! Ich sag: ›Hilde, ich hab hier alles im Griff, ruf die Bullen, ich halt hier die Stellung.‹

Und dann hab ich die drei Burschen erst mal laut angeföhnt: ›Name ... Adresse!‹ Da guckt der Schwarze mich rotzfrech an und sagt: ›*Sachma Opi, was soll denn der Scheiß? Tickst du eigentlich noch ganz sauber?*‹ Ich so: ›Pass mal gut auf, Jim Knopf, wer hier nicht richtig tickt, kannst du alles gleich schön der Polizei erzählen. Oder mir. Also, wer seid ihr?‹ Da faselt der eine schon nicht mehr ganz so frech was von, sie wären die Heiligen Drei Könige.

Was soll ich euch sagen. Lügen haben kleine Füße. Auf der Polizei kam natürlich alles ans Licht. Von wegen Caspar, Melchior, Baltasar! Die hießen nämlich in Wahrheit: Detlef, Werner und Jaden-Uwe, besser bekannt auch als die Schwatzek-Drillinge.«

An dieser Stelle guckte ich Hajo voller Mitleid an. »Und? Waren die jetzt kriminell? Oder schon mal aufgefallen ...?« Hajo warf sich selbstbewusst und schlauer, als die Polizei erlaubt, in Positur: »Die Bullen meinten, die wären sauber. Da läg nichts vor. Da habe ich auch nur zu dem Kommissar gesagt: ›Und Sie glauben das mit dieser billigen Dreikönigsnummer? Na dann, herzlichen Glückwunsch!‹« Jetzt schaltete sich auch noch mein Mann ein: »Ja, aber Hajo, was ist denn jetzt bei dem ganzen Spektakel rausgekommen?« Bedeutungsschwanger nach links und rechts guckend, beugte er seinen Kopf leicht vor und flüsterte verschwörerisch: »120 Tagessätze à 100 Euro und vierzig Sozialstunden im Jugend-Zentrum ... und wenn ich die abgerissen hab', dann pack ich mir die Brüder ... verarschen kann ich mich selber!«

Quod erat demonstrandum. Das hatte er eindrucksvoll bewiesen.

Jedenfalls hat sich die Bürgerwehr Schützenstraße e.V. nach dem Vorfall schnell in Luft aufgelöst, da Doc Holiday keine Lust hatte, alleine auf der Lauer zu liegen. Die Celebrations haben wir dann ungerührt selber gegessen. Vorher haben wir allerdings noch brav gesungen: »Stern über Bethlehem, zeig uns den Weg ...«

»Die kleine Sarah möchte bitte aus dem Småland abgeholt werden!«

IKEA – nach wie vor Fluch (diese Regale!) und Segen (das Bälleparadies).

Gestern bin ich mal wieder zu IKEA gefahren. Meiner Ansicht nach können die bei IKEA auch gerne mal darüber nachdenken, ihr Sortiment zu erweitern. Backwaren, Bücher, Fernseher ... oder Mode, warum nicht? Ich meine, die Menschen in Schweden müssen doch auch was anziehen. Und wenn wir schon mal dabei sind: Hygieneartikel, Aufschnitt und Käse, 'ne gut sortierte Drogerieabteilung, Getränkemarkt und weiß der Kuckuck was wäre doch auch ganz prima! Ich weiß, was Sie jetzt denken: Warum? Weil IKEA ein Kinderparadies hat! Småland. Jetzt mal Butter bei die Fische: Irgendwann ist doch auch mal mit dem Teelichter-Kaufen Feierabend. Im Ernst, ich renne immer wieder gerne zu IKEA, weil es einfach eine wunderbare Möglichkeit ist, eine ganze, kostbare Stunde lang zu bummeln, zu schlendern, im Restaurant ein Tässchen Schwedenkaffee zu trinken, Eis zu futtern – das ganze Programm halt. Herrlich! Ohne Generve, ohne Geziehe und ohne Süßigkeiten im Einkaufswagen, weil die Kleinen ja mit der lieben Tante IKEA spielen. Da sind alle Parteien glücklich und zufrieden, und am Ende gibt es zur Belohnung für alle einen Hotdog. Die machen eh die meiste Kohle mit den Hotdogs.

Wer noch dieses alberne Klischee mit den Teelichtern und der fehlenden Schraube glaubt, der glaubt auch noch, dass der Klimawandel zu stoppen ist, wenn man das Deospray beim Auftragen mit dem Sprühkopf nach unten hält. Und dann diese Namen! Da wollen die uns doch eigentlich echt veräppeln, oder? Wahrscheinlich sitzen da alle Kreativmitarbeiter einen Nachmittag pro Monat in irgendeinem Konferenzzimmer, hauen sich die Birne mit Wodka weg, und dann darf jeder mal was raushauen, egal wie bekloppt das klingt! Hauptsache, es klingt irgendwie schwedisch. Zum Beispiel: Dieser Sesselklassiker von denen heißt ja POÄNG! PO-ÄNG! Hallo?! Sagen Sie das mal laut, und versuchen dann, den schauerlichen Gedanken an einen drittklassigen skandinavischen Nacktwestern zu verdrängen. Hier mal ein Auszug aus der »Handlung« der angeblichen Produktbeschreibung: »Das gebogene Gestell wippt sanft.« Ja sicha wird da sanft gewippt! Weiter geht's: »Lehn dich also entspannt zurück, und genieß es.« Keine weiteren Fragen, Euer Ehren. Ihr Zeuge! Wer jetzt noch sagt: »Frau Feller, Sie hören ja wohl die Flöhe husten, und wenn ich so eine dreckige Phantasie hätte wie Sie, dann würde ich mich schämen!«, dem schleudere ich voller Inbrunst entgegen: Hallo? Hab ICH etwa das kuschelige Doppelbett VANVIK genannt? Und nein, man kann es nicht anders aussprechen. Das ist doch psychologische Kriegsführung. Da soll dir doch gleich beim Kauf untergejubelt werden, was man in dem Ding anstellen soll. Wobei, sind wir mal ganz ehrlich, das im Falle von VANVIK ja durchaus lobenswert ist. Und wer sich davon abgestoßen fühlt, kann ja mit den Zähnen knirschen und MALM als Einzelbett kaufen.

Aber eins muss man dem alten Schweden lassen. Der kümmert sich um die Kinder. Da können sich alle mal eine

Scheibe von abschneiden. Wie oft muss man in der Stadt feststellen, dass man in den Einkaufszentren an alles denkt, nur nicht an Kinder. Da gibt es so viele Städte, die sich eine hochmoderne Shopping-Mall gebaut haben, welche aber leider nicht über elektrische Türen verfügt. Was wiederum zur Folge hat, dass Mütter mit Kinderwagen, Behinderte oder Rollstuhlfahrer zusehen dürfen, wer ihnen gnädigerweise die Tür aufhält. Und das sind leider nicht viele! Machen Sie sich einmal die Mühe, das zu beobachten, und Sie werden feststellen: Meistens sind es die Punker und Ausländer, die einem helfen. Der Rest ist mit Kaugummikauen und iPod-Hören beschäftigt oder hat die Kapuze so weit in die Stirn gezogen, dass Gedanken um Mitmenschen das Hirn gar nicht verlassen können. Noch lustiger kann es werden, wenn man zum Beispiel mal in der Adventszeit oder – um es genauer zu spezifizieren – am letzten Samstag vor Heiligabend nach Oberhausen ins CentrO mit einem normalen Kinderwagen eindringt. Schon nach wenigen Metern haben Sie das Gefühl, dass Sie beliebt sind wie jemand, der einen deutschen Wehrmachtspanzer vor sich herschiebt. Ich erinnere mich immer wieder gerne daran, wie sich ein freundlicher Herr zu mir umdrehte und fluchte: »Muss das denn jetzt hier sein bei dem Gedränge?« Ich wünschte, mir wäre damals eine unhöfliche Antwort eingefallen, wie zum Beispiel: »Ihnen auch einen schönen Tag, der Herr. Ich bin gleich bei Ihnen, suchen Sie sich schon mal einen Gulli zum Ausbluten.« Stattdessen war ich so schockiert und wütend, dass ich mit den Tränen gekämpft und kein Wort rausbekommen habe. Das kenne ich anders: Bei unserem Spanienurlaub im letzten Jahr wurden teilweise Bänke und einbetonierte Blumenkästen ad hoc umgesetzt, wenn es nur den Anschein hatte, dass ich mit meinem Kinderwagen daran nicht vorbeikomme. Da scharwenzelte immer eine Traube von kleinen, glutäugigen und hilfsbereiten Banderas um mich herum, die entweder mein

Kind, den Kinderwagen oder mich tragen wollten. Das hat der Südländer einfach im Blut. Hilfsbereit bis zur Abreise! Der spanische Pulk trägt dich und deine Kinder auf Händen durch die Stadt zum Flugzeug, Städte werden nach dir benannt, und dein Ankunftstag wird Nationalfeiertag. Bei den Spaniern ist es auch nicht schlimm, wenn die Restaurants keine Toiletten mit Wickeltisch haben. Im Falle eines Falles wird Ihnen der Restaurantchef seinen Lieblingsschreibtisch als Unterlage anbieten. Warum gibt es eigentlich bei uns so wenige Restaurants oder Cafés, die einen Wickeltisch haben?

Bei IKEA ist das alles kein Thema. Was bei IKEA eher nervt, sind die Entfernungen. Gefühlt habe ich jedes Mal den Eindruck, ich wäre einen Halbmarathon gelaufen. Weil der Schrank, den man sucht, sowohl im Demowohnzimmer als auch in der Schrankabteilung steht. Wenn man also wissen will, wie der Schrank wohl in Kombination zu Bett, Nachttischlampe oder Sofa aussieht, muss man wieder die zwei Kilometer zurücklatschen, um sich dann zu fragen, ob der Schrank, den man jetzt gerade anguckt, auch wirklich identisch ist mit dem, den man vor zehn Minuten in Augenschein genommen hat. Hatte der nicht kurze Griffe? Rolltüren? Geschliffenes Glas? Oben diese komischen Lampen? Oder war das doch der andere? Sieht die Oberfläche wirklich so glänzend aus, wenn Licht darauffällt? Lieber noch mal schnell zurück und nachgucken. Ich persönlich finde ja auch, dass neben jedem Schrank ein kompetenter Mitarbeiter stehen sollte. Der darf mich von mir aus auch duzen, Hauptsache, er weiß, wie was mit was und welchen Ausstattungsmerkmalen zu welchem Preis kombiniert werden kann. Und warum heißen die Schränke eigentlich alle PAX? Wenn die doch unterschiedlich sind – sagen wir mal Kiefer-Furnier mit Milchglasschiebetür und Doppelbreite anstatt Birke-Nachbildung weiß, hochglänzend und einfache Breite – kann der dann nicht PAXI oder PAXO heißen? Oder HERBERT?

Angeblich soll es bei IKEA ja auch Abkürzungen geben, die einen jenseits von dem durch Pfeile gekennzeichneten One-way zur Markthalle bringen sollen. Aber diese Abkürzungen sind auch mit Pfeilen gekennzeichnet, was wiederum bedeutet, dass ich regelmäßig irgendwann vorm Notausgang stehe und mich frage, ob Notausgang auch wieder nur ein unglücklich benannter Schrank mit einer grünen Tür ist. Also wieder den ganzen Weg zurück, um schließlich nach dem dritten Versuch dahin zu kommen, wo die wahre Nervenprobe lauert. Ich habe mir dann also feinsäuberlich mit dem kleinen Bleistift notiert, welche 1000 Teile für das Kinderzimmerschranksystem STUVA nötig sind. Und so verschwinde ich in den unendlichen Tiefen des SB-Regals 34. Dort müsste ich eigentlich alles kriegen. Leider gibt es Menschen, die, wenn sie etwas Falsches aus dem Regal gezogen haben, es nicht wieder zu der Stelle zurückbringen, an der sie es falsch aus dem Regal gezogen haben. Diese Spezies ist müde, entnervt und kurz vor der geistigen Verwirrtheit. Sie entschließt sich deswegen, das falsche Produkt einfach dort ins Regal zu legen, wo sie gerade steht. Will sagen: Unter den 6 weißen Fronten für die große Kommode befinden sich mittlerweile auch drei pinke, zwei grüne und eine schwarze Front, die aber gar nicht zur STUVA-Serie gehört. Natürlich landen die pinke und die schwarze in meinem Wagen, weil ich auch schon nicht mehr konzentriert bei der Sache bin. Gemerkt habe ich das leider erst an der Kasse. Da gibt es ja jetzt Gott sei Dank diese neuen Selbstbedienungs-Scannerkassen. Bei den drei Leuten, die dem jeweiligen »Ochs' vorm Berge« die Kasse erklären, habe ich schon oft gedacht, dass alles ein bisschen schneller gehen würde, wenn die an einer herkömmlichen Kasse sitzen und ganz normal kassieren würden. Aber jetzt weiß ich, warum es diese Scannerkassen gibt. Wenn man nämlich die ganze Verpackung nach dem Strichcode absucht, wird man aufmerksam, und dann stellt man schon mal fest, dass die schwarze Front eigentlich die Platte auf dem Kinderschreibtisch ist. Die pinke Platte ist uns allerdings erst zu Hause aufgefallen. Glauben sie mir, ich habe alles versucht. Ich habe meinem wütenden Sohn erklärt, dass ein echter Junge auch Pink toll finden kann. Dass es seine Freundin Alina wahnsinnig beeindrucken würde, wenn er so eine coole pinke Schranktür hätte. Ich weiß nicht, warum dieses Kind so verbohrt ist. Von mir hat er das nicht. Aber wie immer in solchen leicht kribbeligen Situationen, bemühe ich große Vorbilder. Und so sagte ich mir frei nach Kennedy: »Frag nicht, was dein Kind für dich tun kann, sondern frage dich, was du für dein Kind tun kannst.« Also nahm ich den kleinen Prinz auf meinen Schoß, blickte ihn lieb an und gurrte zuckersüß: »Welche Farbe möchtest du denn, mein Bärchen?« – »Ich möchte Zebrastreifen, Mami. Oder eine Insel.« – »Aber Liebling, eine Insel ist doch keine Farbe.« – »Egal, ich will eine Eisenbahn.« Sie merken schon, in welche Richtung das ging. Aber nicht mit mir. »Weißt du was, mein Schatz? Mami hat eine ganz tolle Idee.« Und das haben wir dann auch gemacht. Am nächsten Mittag habe ich ihn vom Kindergarten abgeholt, und wir sind mit der vermaledeiten Tür wieder zu IKEA gefahren. Ich habe den Kleinen mit der Tür im Kinderparadies abgesetzt und gesagt: »In einer Stunde ist die Mami wieder da. Bis dahin habt ihr alle die Tür so angemalt, wie ihr das toll findet.« Die Kids sind ausgeflippt vor Freude. Ich habe so lang im Restaurant gesessen, gelesen, gechattet und mir eine schöne Zeit gemacht. Die Tür sieht natürlich aus wie Hulle, vollgeschmiert ohne Sinn und Verstand. Egal, Hauptsache, die Kinder haben Spaß. Und sind wir doch mal ehrlich, nach einem halben Jahr hätte die Tür eh so ausgesehen. Wir haben sie dann noch feierlich auf den Namen SMØRFINK getauft. Das ist mal ein süßer Name! Auf jeden Fall besser als POÄNG.

»Der ist halt einfach nicht so schlau wie meine Süße.«

Was tun, wenn mein Kind unsachgemäß beleidigt wird?

Man kennt das ja. In jedem Kindergarten, egal, ob kirchlich, städtisch oder (um Himmels willen) private Elterninitiative, gibt es, um es mal vorsichtig zu formulieren, »spezielle« Kinder. »Um Himmels willen« übrigens deswegen, weil diese Art von Einrichtungen leider klischeemäßig von total echt irgendwie irre sozial engagierten Betroffenheitseltern demokratisch-absolutistisch regiert werden. Was ich da alles erlebt habe! Natürlich, das ist mir völlig bewusst, sind das alles sorgsam gepflegte Vorurteile. Aber dies ist ein Comedybuch und hat somit die Pflicht, ein paar dieser Vorurteile ordentlich zu hegen und zu pflegen. Damit man ordentlich darüber lachen kann und sich über die zahllosen engagierten Kita-Eltern freuen kann, die top in Ordnung sind. Und selbstverständlich möchte ich hier nicht versäumen festzustellen, dass ich leider gar nicht so richtig engagiert bin, wie ich gerne wäre. Mich peitscht der blanke Neid, wenn ich an die Eltern von Franco denke, die ihre Elternstunden mit einer derartigen Leidenschaft im Blumenbeet unserer Kita verbringen, dass ich schon oft gedacht habe: Mit derselben Leidenschaft hat Mutter Teresa seinerzeit ein bisschen Glanz in Kalkuttas Armenhäuser gedübelt. Aber als ob das nicht schon genug wäre, möchte ich an dieser Stelle nicht versäumen, schonungslos offenzulegen, dass ich auch keine Backmutti bin. Oder ein Elterncafé organisieren kann. Ich bin auch kein Streicher, Dübler oder Praktiker. Und auch kein Hornbacher. Nix Jippie yeah yeah Jippie Jippie yeah! Die Strickliesel bin ich auch nicht.

Und je mehr ich konsterniert über all diese Nichteigenschaften nachdenke, komme ich mir eigentlich komplett nutzlos vor. Doch halt – lästern kann ich ganz gut! Da macht mir so schnell keiner was vor. Und deswegen wage ich hier die etwas einfach gestrickte These, dass oft die engagiertesten Eltern die nervigsten Blagen haben. Wobei die Kinder eigentlich nie was dafür können. Die sind ja nur das Abspielmedium für die nervende externe Festplatte ihrer ambitionierten Eltern. Nehmen wir mal zum Beispiel die kleine Lara-Sophie. Die weiß alles besser und kann alles besser. Sagt jedenfalls ihre Mutter. Birthe, die sich selbst in korrektem Judith-Holofernes-Slang nur »Bürthe« nennt. Wer noch nicht genau weiß, worüber ich jetzt schon wieder stänkere, der hört sich bütte von »Wür sind Helden« das Lied »Bütte güb mür nur ein Wort« an. So wie die Judith da singt, so spricht unsere Freundin Bürthe. Leute, wirklich, wen das kaltlässt, der wird sich wahrscheinlich auch nicht aus der Ruhe bringen lassen, wenn Nena nach jedem zweiten genölten Halbsatz geräuschvoll einatmet.

Liebe will nicht – saugröchel
Liebe kämpft nicht – schlürf
Liebe wird nicht – stöhn
Liebe ist!

Ehrlich, für mich klingt das eher nach der Halbschwester von Darth Vader. Und jetzt mit diesem schwarzen Kurzhaarschnitt sieht sie doch schon fast so süß aus wie Lord Helmchen. Tolle Frau. Bis auf das Atmen.

Wo war ich eigentlich stehen geblieben? Richtig. Bei Bürthe. Die hat letztens eine geschlagene Stunde beim Schäfchenstricken für den Weihnachtsflohmarkt über ihre Verzweiflung referiert, dass Lara-Sophie offensichtlich an einer ganz besonders kritischen, ja heimtückischen Form von Hochbegabung zu leiden hat. Dämlich wie ich bin, konnte ich mich nicht zurückhalten und fragte mehr beiläufig als gezielt »Hä?«. Offensichtlich hatte Bürthe sich entschieden, diesen eher verstörten Beitrag von mir als echtes Interesse zu deuten. »Jaaaa, Lüsa, lieb, dass du fragst. Aber so ist es leider. Professor Rörkenbeck-Störkötter vermutet, dass ein IQ-Test zu diesem Zeitpunkt ihrer Hochbegabtenentwicklung sich echt auch irgendwie als total kontraproduktiv erweisen könnte. Wir sind uns nicht sicher, ob Lara-Sophie diesen Test als weitere Unterforderung versteht und sich danach in eine weitere innere Blockade zurückzieht.« Ich wusste während dieses schicksalsschweren Vortrags überhaupt nicht, wo ich hingucken sollte. Deswegen irrte mein Blick hilfesuchend durch die angrenzenden Räume, wo ich Lara-Sophie Einstein beim Puppenspielen mit meinem glücklicherweise völlig normalen Kind beobachten konnte.

Oh Blume des Banalen, wie schön sind deine Blüten. Ich weiß gar nicht, warum ich nicht einfach geschwiegen habe. Aber wahrscheinlich lag es an meiner grenzenlosen Schlichtheit, die mich unbekümmert folgende Äußerung tun ließ. »Ja, aber unsere beiden spielen doch gerade eigentlich ganz schön miteinander.« Au weia. Mild tadelnd sah mich Bürthe über den nicht vorhandenen Rand ihrer randlosen Brille an. »Du, Lüsa, das ist schön, dass du das so siehst. Aber wir achten schon zu Hause darauf, dass die Lara-Sophie sich im Bezug auf ihr Sozialverhalten die Fähigkeit bewahrt, sich zu encanaillieren. Sonst ginge das hier gar nicht in der Kita.«

Abends auf dem Sofa, als meine kleinen Schätze friedlich schlummerten, konnte ich meine Neugier nicht länger unterdrücken. Ich musste unbedingt googeln, was dieses affige »encanaillieren« eigentlich bedeutet. Bei Duden Online fand ich recht schnell die niederschmetternde Erklärung für Bürthes pseudoliebevoll verpackte Boshaftigkeit. »Encanaillieren: sich mit Menschen der unteren sozialen Schicht abgeben.« Natürlich war mir schon klar, dass mit der unteren Schicht die Intelligenz beziehungsweise die in Bürthes Vorstellungskraft nicht existierende Intelligenz meines Sohnes gemeint war.

Ich saß auf dem Sofa und tobte vor Wut. Was bildete sich diese käsegesichtige Laugenstange eigentlich ein? Hochbegabt! Dass ich nicht lache! Pfft! Mein Opa pflegte immer zu sagen: »Lehrerkinder, Pastors Vieh – geraten selten oder nie.« Blöd nur, dass Bürthe weder Lehrerin noch Pastorin war. Ich konnte mich gar nicht beruhigen. Ich machte die Augen zu und versuchte, mich wieder runterzukochen. Angespannt zählte ich stumm bis 1000.

Im Geiste sah ich mich in einen von diesen verbeulten Amischlitten einsteigen mit einem Baseballschläger und einer 45er Magnum auf dem Beifahrersitz. Es regnete wie verrückt, als ich den Highway über die alte Brooklyn Bridge Richtung Downtown nahm. Immer wieder prasselte die eklige Stimme von Bürthe mit dem peitschenden Regen auf die beschlagene Windschutzscheibe. »En-canaillieren. En-canaillieren. En-canaillieren.« Fünf Minuten später hielt ich mit quietschenden Reifen vor dem Haus in Bürthes spießiger Narkose-Siedlung. Ich stieg aus dem Wagen und steckte die Wumme in die rechte Manteltasche. Der kalte Stahl fühlte sich gut an in meiner zornesheißen Hand. Ich klappte den Mantel hoch und nahm die Mütze ab. Die Mistziege sollte schließlich sehen, wer ihr die verdammte Suppe aus dem Hirn pusten würde. Ich schmiss die Kippe auf den Bürgersteig, und mit einer lässigen Drehbewegung meines Stiefelabsatzes rieb ich den stinkenden Tabak in den Asphalt. Verdammt noch mal, diese blöde Kippe wollte einfach nicht ausgehen. Aber ich hatte ja noch den Baseballschläger. Wie von Sinnen drosch ich mit dem schweren Holzprügel auf die brennende Glut ein. Als sie endlich ausging, spürte ich meine Arme kaum noch. Der Regen wurde noch stärker. Stumpf und ohne jegliches Gefühl ging ich zur Haustür und klingelte. Ich war nur noch eine präzise Killermaschine, die ihren Auftrag zu erledigen hatte. Sentimentalitäten konnte ich mir nicht mehr leisten. Die Tür ging auf, und da sah ich sie auch schon in ihrem selbstgestrickten Bademantel, die unrasierten Beine in abgelatschten Giesswein-Hüttenschuhen. Meine Verachtung stieg ins Unermessliche. Für einen Moment kam ich aus dem Tritt. Wie sollte ich meinem Sohn jemals wieder Hüttenschuhe anziehen, wenn ich das Bild von Birthes mit Hirnmasse bespritzten Tretern vor Augen haben würde? Fassungslos und doch scheinbar hocherfreut sah Bürthe mich an. »Lüüüsa, üst ja echt lüeb, dass du …« Weiter kam sie nicht. Wissen Sie, was eine 45er Magnum, aus einem Meter Entfernung abgedrückt, aus seinem Ziel macht? Eine Riesensauerei. Hasta la vista, Bürthe! BAAAAM!!!

»Uaaaaaah!« Schweißgebadet wachte ich auf und sprang voller Schreck hoch. Was für ein schrecklicher Traum. Ich war entsetzt. Wie konnte ich nur so überreagieren? Es hätte doch gereicht, wenn ich ihr mit dem Baseballschläger eins drübergebraten hätte. Aber direkt umbringen? Das ist doch gar nicht so mein Ding. Eigentlich. Aber wenn man meine Kinder beleidigt, dann ist Schicht im Schacht. Ende im Gelände. Aus die Maus. Schluss mit lustig. Mit dem festen Vorsatz, Bürthe mal morgen so richtig die Meinung zu geigen, ging ich erschöpft ins Bett.

Überflüssig zu sagen, dass ich nicht gerade den Schlaf der Gerechten geschlafen habe. Der drohende Konflikt lag mir wie ein Stein auf der Seele, weil ich ja eigentlich im Grunde genommen ein harmoniesüchtiges Menschenkind bin. Zumindest, was Streit mit meinen Mitmenschen angeht. Wobei ich hier feststellen möchte, dass Ehemänner, Schwiegermütter, geldgierige Vermieter, freche Kellner, verständnislose Politessen, sauertöpfische Rentner und farbunkundige Friseusen ausgenommen sind. Und Bürthe auch. Immer wieder kreisten meine Gedanken um dieselbe Problematik. Was sollte ich ihr sagen? Und vor allen Dingen wie? Der Ton macht ja bekanntlich die Musik. Also Metallica oder André Rieu? 50 Cent oder Der Wendler? Vielleicht hatte sie es ja doch gar nicht so gemeint? Und ich steigere mich hier in etwas völlig Sinnloses rein. Vielleicht weiß sie ja selber gar nicht, was »encanaillieren« heißt. Das kennt man doch: Wie oft benutzen Leute Fremdwörter und wissen überhaupt nicht, was sie bedeuten? Geht mir ja auch selber so. Gestern beim Abendbrot sag ich zu meinem Mann: »Diese Bürthe ist echt asi.« Und asi ist in diesem Zusammenhang das falsche Wort mit der falschen Bedeutung. Blöd, doof, bekloppt, frech oder unverschämt – ja, das wären alles zutreffende und inhaltlich korrekte Alternativen gewesen.

Also wachte ich irgendwann komplett gerädert und völlig übernächtigt auf. Den Spatz fertigmachen und zum Kindergarten bringen, dauerte gefühlt zwei Stunden länger als sonst, weil ich den Showdown mit Bürthe irgendwie umgehen wollte. Aber es kam, wie es kommen musste, wir fuhren genau gleichzeitig auf den Hof. Die Kinder sprangen aus dem Auto und rannten sofort fröhlich und schnatternd Hand in Hand in ihre Gruppen. Ich versuchte, Bürthe natürlich keines Blickes zu würdigen, konnte aber leider nicht verhindern, dass sie mich ansprach. »Du, Lüsa, ich wollt' mit dir noch mal über gestern sprechen. Nicht, dass du denkst, dein Kind ist irgendwie unintelligent. Aber die

Lara ist eben hochintelligent, und das ist eben das Problem, verstehst du?« Verwundert hörte ich mich sagen: »Nein, Birthe, versteh ich nicht. Und ganz ehrlich – es interessiert mich auch nicht. Ich geb dir nur einen guten Tipp. Wenn es demnächst mal nachts bei dir im strömenden Regen an der Haustür klingelt – mach besser nicht auf. Hasta la vista, Bürthe!«

Und wenn die Mutti dann Toffifee ins Spiel bringt ...

Wieso kann es eigentlich nie wie in der Werbung sein?

Ich gebe es zu. Ich wäre gerne eine von diesen Supermuttis aus der Werbung. Die alles im Griff haben. Die immer was Süßes zum Knabbern haben. Die, wenn's mal eng wird, einfach mit einem strahlenden Lächeln irgendeine Leckerei aus dem Schrank holen, und schon ist die Welt wieder in Ordnung. Ja, ich möchte mich öffentlich geißeln. Wenn es bei uns mal eng wird, dann kann es passieren, dass ich komplett entnervt durch das Wohnzimmer stöhne: »Wenn ihr mir weiterhin so auf den Zeiger geht, dann drehe ich durch. Meine lieben Freunde, ihr rüttelt ganz gewaltig am Watschn-Baum!« Schlimm, oder? So unkontrolliert. Die Nerven so blank wie ein abgescheuerter Fußabtreter. Warum kann ich nicht einfach eine Runde Toffifee ins Spiel bringen? Wie in der Werbung. Mit dem gütigen Blick einer weisen, 100 Jahre alten Galapagos-Schildkröte schnappt sich Mutti die Schachtel aus dem Schrank und beruhigt die tobende Meute im Handumdrehen. Wirklich, dieser Blick! Ich habe das mal mit meinem Festplattenrecorder aufgenommen und habe einen ganzen freien Nachmittag damit verbracht, diesen Blick zu üben. Weil das nämlich gar nicht so einfach ist, wie es aussieht. Es muss gütig aussehen, aber nicht überheblich. Und mit einem spöttischen Spiel um die Mundwinkel. Nein, spöttisch trifft es nicht ganz. Es ist eher verschmitzt, mit einem Hauch Ironie. Aber nur einem Hauch. Denn der Blick darf nur ausdrücken, dass Mutti jederzeit Herr der Lage ist und ihre drei Rabauken zwar etwas nervig findet, aber natürlich total süß. »Diese kleinen Racker. Meine Männer! Gib ihnen ein Stück Schokolade, und alles ist wieder gut. Gut, dass ich so klasse bin.« So, jetzt stellen Sie sich mal vor den Spiegel und üben diesen Blick mit einer Schachtel von dem ollen Zeug in der Hand. Und, klappt's? Oder hassen Sie sich auf einmal genauso wie die Mutti aus der Werbung? Leute, mal ganz ehrlich, wer die Wirkung von Werbung unterschätzt, der hält Subtil auch für 'nen Pflanzendünger. Kleines Beispiel. Neulich sitzen wir alle gutgelaunt vor der Kiste, als der lustige Disneyfilm mit Werbung unterbrochen wird. Eigentlich schalte ich dann immer sofort ab, aber manchmal vergesse ich das auch mal gerne. Weil es einfach zu viele Umstände macht. Und außerdem ist es ja auch ziemlich lustig, die Reaktionen der männlichen Mitglieder auf einen Werbespot zu beobachten. In diesem besagten Falle handelte es sich um irgendso einen von diesen Milchriegeln. Kinder spielen glücklich in einem heimeligen Garten. Man sieht einen Sandkasten, ein paar hübsche Blumen, eine ordentlich geschnittene Hecke. Dazu blauer Himmel und Sonnenschein. Auf einmal stürmen die kleinen Schlawiner mit den dreckigen Gummistiefeln direkt in Muttis blendend weiße Küche, und man sieht sofort: Es handelt sich nicht um irgendeine Küche. Die weißen Fliesen sind nicht nur sauber, sondern so rein, dass das Tageslicht ihnen fast eine räumliche Tiefe gibt. Die weißen Einbaugeräte der schneeweißen Küchenzeile spiegeln sich in den Fliesen wie ein grandioses Alpenpanorama in einem kristallklaren Gletschersee. Die Frau, die sich in dieser Küche bewegt, scheint die Fliesen beim Gehen gar nicht zu berühren. Sie schwebt vielmehr durch diese unfassbar schöne Raffaello-Küche mit einer Grandezza, die selbst eine Kati Witt in ihren besten Eisprinzessinnenzeiten neidisch gemacht hätte. Nur, dass unsere Küchen-Nofretete keine Schlittschuhe anhat, sondern elegante Pumps. Als die drei Sandkasten-Rocker in die Küche eindringen, sind die Fliesen sogar scheinbar in der Lage, den Dreck von den Gummistiefeln zu atomisieren und in der Atmosphäre verpuffen zu lassen. Denn man sieht einfach keinen Dreck. Laut johlend fordert die Rasselbande »Mama, Mama, wir wollen was Süßes!«. Mit einem herzhaften Lachen über diese Schelmerei macht Mutti die weiße Kühlschranktür auf. Unglaublich! Die Kühlschranktür scheint schwebend aus dem Nichts zu kommen. Denn ihre Umrisse waren in dem weißen Einbauschrank überhaupt nicht sichtbar. Magic! Der Kühlschrankinhalt ist lässiges Understatement. Eine Flasche Milch (weiß), eine weiße Butterdose und zehn makellose weiße Eier im durchsichtigen Eiereinsatz. Das einzig poppig Bunte in diesem harmonischen Kühlschrank ist die große Familienpackung unserer Milchschnitte. Charmant wie Veronika Ferres greift Supermama drei Schnitten, um die kleinen Mäuler wie eine fürsorgende Vogelmama zu stopfen. Dankbar juchzend verschwinden die süßen Küken, ohne die geringste Spur zu hinterlassen, wieder im Garten. Natürlich nicht, ohne lautstark zu rufen: »Danke, du bist die Beste, Mutti!« Mit einem Blick, in dem sich Toleranz, Mutterliebe und das Wissen um eine perfekte Küche und Figur spiegeln, endet dieses filmische Kleinod.

Ich bin am Boden zerstört und schaue desillusioniert an mir herunter. Wie ich da sitze! Mit meiner ausgebeulten Jogginghose und den wollkugel-verfilzten Schlampersocken bin ich meilenweit von Supermamas lässigem »Marc O'Polo«-Schick entfernt. Ungeschminkt, die Haare hastig zu einem desolaten Zopf zusammengefrengelt, ein Gefühl der Resignation macht sich in mir breit: Wie kann ich mich nur so gehen lassen? Und warum ist meine Küche so schmutzig? Morgen kaufe ich als Erstes weiße Eier! Diese braunen Bio-Eier haben einfach keinen Glamour. Das geht ja gar nicht.

Auf meine Männer hatte der Spot eine komplett andere Wirkung. Die Reaktion meiner Spätze war in ihrer Schlichtheit natürlich vorhersehbar. Die wollten auch eine Milchschnitte. Mein Gatte äußerte sich schon etwas spezieller: »Warum habe ich dir eigentlich diese tollen Pumps geschenkt, wenn du sie im Haus gar nicht trägst?« Ich dachte, mich trifft der Schlag. Ich versuchte es mit Ironie: »Uh ja, natürlich. Du hast ja völlig recht. Und weißt du, was dazu gut passen würde? Diese sexy Seidenstrümpfe, die du neulich bei TCM unaufgefordert für mich gekauft hast! Dazu noch die tief ausgeschnittene Bluse und der Minirock – und schon macht das Putzen (›Saugen‹ wollte ich auf keinen Fall sagen!) wieder Spaß.« Als ich seinen lüsternen Blick sah, wurde mir sofort klar, dass er die beißende Ironie in meinen Worten nicht hören konnte. Ein weit verbreitetes Phänomen bei Ehemännern. Sobald es um Pumps und Seidenstrümpfe geht, schaltet sich das Vernunftgremium im Gehirn ab und überlässt das Denken dem Notstab im Erdgeschoss. »Jaa!«, höre ich ihn sagen, »das säh' bestimmt super aus! Geil.« Das Wort »geil« aus dem Mund meines Mannes ist jedes Mal für mich eine bewährte Umkehrformel, es löst nämlich bei mir das genaue Gegenteil aus. Aber das ist eben die erschütternde Bilanz. Die Kinder wollen essen, der Kerl will seine Kronjuwelen unterheben, und ich fühle mich auf der kompletten Linie als Versagerin. Vielen Dank, Milchschnitte.

Das Bild der Mutter in der Werbung ist ein Schlag ins Gesicht der Realität. Denken Sie nur mal an die Pampers-

Werbung. Haben Sie da schon mal Scheiße gesehen? Oder dass die Pampers-Mami schon mal von ihrem Kind angepinkelt worden ist? Tut mir leid, wenn ich das jetzt so unfein und direkt anspreche, aber darum geht es primär beim Windelnwechseln. Also, bei uns läuft das meistens so ab: Unser kleiner Schisser verdrückt sich fürs große Geschäft gerne mal in eine stille Ecke des Wohnzimmers, und wenn ich schon sehe, wie die Augen diesen verklärten Blick bekommen, weiß ich, was die Stunde geschlagen hat. Die Vorahnung wird umso schlimmer, wenn ich sehe, wie Monsieur versucht, Druck auf die Düse zu bekommen. Dann treten die Äuglein aus dem puterroten Gesicht leicht hervor, und es werden Geräusche gemacht, als würde eines von diesen bulgarischen Kugelstoßmonstern einen neuen Weltrekord werfen. Dieses Stöhnen leitet den unangenehmen Teil für meine Person ein. Ich packe mir den kleinen Kacker und lege ihn auf den Wickeltisch. Natürlich hat Prinz Töpfchen überhaupt gar keinen Bock auf eine langatmige Säuberungsaktion, er würde das ganze Malheur im wahrsten Sinne des Wortes lieber aussitzen. Der Body ist kaum offen, da sehe ich das ganze Ausmaß dieser biblischen Katastrophe. Mit der einen Hand halte ich seine Beine hoch, mit der anderen greife ich zu den Feuchttüchern, und diese kleine Unaufmerksamkeit wird gnadenlos bestraft. Unwirsch versucht der Kleine, sich die Windel wegzureißen, und landet mit seinem kleinen Händchen mitten in der braunen Pampe. Also Beine mit Po schnell wieder in die Stinkesuppe fallen lassen, um mit dem Feuchttuch das böse Händchen abzuwischen. Dabei windet sich der kleine Körper wie ein Zitteraal und drückt die Windel im halb vermatschten Zustand von der Wickelablage herunter, auf den Verkehrsspielteppich. Entscheidungen müssen getroffen werden, um eine weitere Eskalation der Schweinerei zu verhindern. Das Kind wird unter den Armen zur Wanne geschleppt und heulend mit anfangs noch zu kaltem Wasser abgeduscht. Tolle Idee, wenn nicht noch an dem einen Bein die Strumpfhose hängen würde. Na ja, ich wollte ja eh gleich den Weißen Riesen konsultieren und mal wieder eine 8-Kilo-Wäsche strahlend weiß für meine 280 Meter lange Wäscheleine im Garten waschen. Bis der kleine Mann wieder trocken und frisch gewickelt ist, ist höchstens mal eine halbe Stunde vergangen, und ich weiß natürlich sofort wieder, warum dieses Schmierentheater in der Werbung schön verschwiegen wird. Ich jedenfalls habe keine Lust mehr, wie die Pampers-Mutti nach dem Wickeln meinem Sohn zärtlich und glückselig den Hintern zu küssen. Obwohl ich weiß, dass er sauber ist.

Nein, aus mir wird keine Supermutti mehr. Denn ich bin schon eine. Wie jede normale Mutter auch. Ich müsste jeden Tag von meiner anstrengenden Mischpoke mit Toffifees beschmissen werden, mich müssten sie auf Händen durch meine Allerweltsküche tragen! Für den Mist, den ich schon von den Hintern meiner Kinder abgewischt habe, sollte ich einen goldenen Pampers-Orden kriegen! Und wenn mein Mann mich nicht ungeschminkt und in Jogginghose begehrenswert findet, dann kann er mir sowieso gestohlen bleiben. Das muss er wohl irgendwie geahnt haben. Denn als ich am nächsten Abend müde ins Bett gekrabbelt bin, fand ich unter meinem Kopfkissen eine große Packung Merci. »Na ja«, dachte ich mir, »wie süß! Da hat er doch tatsächlich einmal nicht an sich selber gedacht beim Werbung-Gucken.« Wo er doch weiß, wie gerne ich die esse. Das ist doch schon mal ein guter Anfang! Was soll ich sagen, ich bin durchaus bereit, mich erkenntlich zu zeigen. Morgen fange ich damit an. Dann suche ich mal in dem ganzen Chaos nach diesen komischen Seidenstrümpfen von TCM. Damit er auch mal wieder was Süßes zum Knabbern hat.

»Mach doch einfach 'n bisschen Sport!«

Der harte Weg zurück zur normalen Figur.

Also mal ganz ehrlich, was ist das Schlimmste an einer Schwangerschaft? Natürlich die Zeit danach! Gott bewahre, ich meine natürlich nicht die wunderschöne Zeit, wenn der kleine Erdenbürger auf der Welt ist, mir schlaflose Nächte bereitet, im 5-Minuten-Takt die Windeln vollkäckelt – wenn er es denn überhaupt hinbekommt und nicht die für Jungs so typischen 3-Monats-Koliken bekommt, die gut und gerne auch neun Monate dauern können. Ich meine auch nicht diese Zeit, wenn man vor Erschöpfung nicht mehr weiß, wie man heißt. Nein, ich meine die dazu parallel existierende Zeit, wenn frau eigentlich direkt nach der Geburt wieder aussehen will wie vorher.

Jetzt ist der Begriff »vorher« natürlich nicht so ganz klar definiert. Ich meine, es kann ja nicht die Zeit vor der Geburt des ersten Kindes gemeint sein, als ich noch 54 kg bei einer Größe von 1,70 m hatte. Nein, da war ich 14, das zählt nicht. Und das vor Schwangerschaft Nr. 2, das zählt auch nicht. Da bin ich nämlich von den zwölf zugenommenen Kilo der ersten Schwangerschaft gar nicht erst runtergekommen. Hm, da kann man also die Toleranz über das »Vorher-Gewicht« schon plus/minus, also plus 8 kg sehen.

Aber auch mit dem Plus von 8 Kilo fehlen mir immer noch satte 4 Kilo, um behaupten zu können, mein Vor-Schwangerschafts-Gewicht erreicht zu haben. Wenn Sie das als Mann nicht verstehen, fragen Sie einfach Ihre Frau. Die erklärt es Ihnen. Für die ist das nämlich nur mehr als logisch.

Wie machen die Promi-Damen das immer nur? Nach nur zwei Tagen sehen sie wieder aus wie vorher, und in diesen Fällen wie das echte Vorher. Egal, ob Heidi Klum, Miranda Kerr oder Gisele Bündchen – sie haben nach ihren Schwangerschaften sofort, und zwar wirklich sofort wieder ihre alte Figur.

Einer von Heidi Klums großartigen, alltagstauglichen und vor allen Dingen leicht finanzierbaren Tipps war ja die Austern-Kaviar-Diät. Wenn Sie nicht gerade 10 000 Euro netto im Monat verdienen, ist diese Diät meistens schon nach einem Tag zu Ende. Weil man nämlich am Geldautomaten nicht mehr als 1000 Euro pro Tag abheben kann. Kein Wunder, dass der Seal in den Sack gehauen hat. Dazu ließ sich mein Mann zu folgendem Sprüchlein hinreißen: »Die hat dem doch die Haare vom Kopf gefressen bei den ganzen Blagen.« Dabei weiß man als hochseriös informierte ›Gala‹-Leserin, dass sie die Kohle hatte.

Deshalb können sich diese VIP-Muttis ja auch alles leisten. Die haben einen Koch, der ihnen nur super tolle fett- und zuckerfreie Nahrung zubereitet, die haben einen Personal Trainer, der sie 5 Stunden am Tag foltert, und zwar ohne Ausnahme oder Ausrede. Und ansonsten haben sie so viel weiteres Personal, dass sie sich um nichts kümmern müssen, auch nicht um Babys, die nachts schreien. Häufig auch nicht mehr um den eigenen Mann, denn da kümmert sich die Nanny auch schon mal ganz gerne drum. Gell, Herr Schwarzenegger? So wird Mami in ihrem Schönheitsschlaf nicht gestört und kann vor allen Dingen am nächsten Tag gut ausgeruht gefoltert werden.

Außerdem wissen wir alle spätestens seit der Schlank-im-Schlaf-Diät, dass man mit viel Schlaf besser abnimmt, denn wer dafür sorgt, dass der Stoffwechsel nachts in Ruhe seinen Job machen kann, fördert die gottverdammte Fettverbrennung, den Lymphabfluss und die Straffung des Bindegewebes. Wie will man da als 0815-Mutter mithalten: Ich habe weder einen Personal Trainer noch einen makrobiotischen Diät-Koch, und an chronischem Schlafmangel leide ich obendrein. Aber trotzdem will ich aussehen wie Heidi, Miranda und Gisele. Also: Mutti macht Sport!

Die Frage, die ich mir stelle, ist: Welchen Sport kann ich gut und mache ich gerne? Gar keinen! Tja, jetzt wird es also schon etwas schwieriger. Nun bleibt mir die Wahl zwischen Fitness-Studio und Nordic Walking (joggen kann ich überhaupt nicht). Nordic Walking ist natürlich einfach zu realisieren. Aber nicht mit mir! Das ist so was von out! Das war schon im alten Ägypten total untrendy. Ich glaube, man hat sogar in Tutanchamuns Grabkammer diese vermaledeiten Scheißstöcke gefunden. Sooo out ist das! Nordic Walking geht gar nicht! Habe ich mich klar ausgedrückt? Das ist echt die peinlichste Sportart, die es gibt. Wenn ich diese Tanten immer sehe, die da mit ihren Stöckern herumfuchteln. Da möchte ich immer hingehen und fragen, ob ich ihnen noch einen Kaffee und ein Stück Kuchen bringen kann. Wer soll denn dabei abnehmen? Nee, also auf dieses marodierende mobile Kaffeekränzchen kann ich dankend verzichten. Nordic Walking wäre echt das Allerletzte, was ich machen würde. Sooo unsportlich bin ich auch wieder nicht. Aus der Not begebe ich mich ins nächste Fitness-Studio und hoffe, dass die aus mir Germany's Next Topmodel machen.

Gesagt, getan. Ab zum Probetraining. Als ich ins Studio komme, möchte ich allerdings direkt auf dem nicht vorhandenen Absatz kehrtmachen. Wie sehen die denn hier alle aus? Ich dachte, das gäbe es nur in Filmen und in der

Werbung, dass alle schön, jung und schlank sind. Aber offensichtlich auch in meinem Fitness-Studio! Das kann nicht sein. Die sind doch bestimmt alle hier als Statisten angestellt, damit die drei Normalos wie ich denken, dass man nach einem kurzen Aufenthalt in diesem super schicken Sportstudio auch so aussehen wird. Hätte ich mich doch bloß vorher ein wenig schlau gemacht und nicht auf das Urteil von Caro vertraut, die schon zur Schulzeit nur darauf geachtet hat, gut auszusehen. »Du, in so 'nem Fitnessstudio, da sind ganz normale Frauen wie du und ich.« Bei »Du und ich« hätte ich eigentlich schon stutzig werden müssen, denn Caro und ich haben so viel gemeinsam wie Donald Trump und Donald Duck. Nun, mit dem Abitur hat es bei ihr ja dann auch nicht mehr geklappt ...

Zurück ins Studio. Ich will mich gerade langsam wieder rausschleichen, da kommt einer von diesen wunderschönen Trainern, der bestimmt nebenbei noch bei den Chippendales jobbt, auf mich zu und sagt: »Hallo, du bist bestimmt Lisa. Ich bin José, dein persönlicher Trainer für heute.« Oh Mann, schlimmer kann es nicht werden. Nicht nur, dass ich momentan noch etwas unförmig bin – na ja, deswegen bin ich ja schließlich hier, ich wusste auch nicht, dass mir Don Juan Latin Lover persönlich das Keuchen beibringt. Hätte ich das gewusst, hätte ich doch vorher noch auf die Schnelle 15 Kilo abgenommen! Stattdessen schaue ich an mir runter und sehe eine alte, schlabbrige, ausgewaschene Jogginghose, die ich eigentlich nur zum Gammeln auf dem Sofa anziehe. Auf dem ausgewaschenen Blau kann man hier und da auch ein paar Brei- und Milchreisflecken von meinen kleinen Schätzen sehen. Das Oberteil passt dafür perfekt zur Hose – und zwar mit allen Details. Die Haare habe ich selbstverständlich auch vorher nicht gewaschen, da man ja bekanntlich beim Sport schwitzt und es keinen Sinn hat, sie vorher und nachher zu waschen. Ich bin schließlich eine ganz normale Mutter und habe nicht sonderlich viel Zeit, meinen Tag mit nassen Haaren über dem Badewannenrand zu vertrödeln. Was nun, sprach Zeus? Aus dem Staub machen konnte ich mich ja jetzt nicht mehr, also Frau Feller, man muss dem Feind selbstbewusst entgegentreten.

»Hallo José, schön, dich kennenzulernen. Was hast du denn heute für mich geplant?« – (leider kann ich diesen umwerfenden, erotischen spanissen Akssent nicht hörbar wiedergeben, also lass ich es lieber). »Ich dachte mir, wir prüfen erst einmal per Computeranalyse dein Fitnesslevel und gehen dann langsam vor. Ein bisschen Cardio und dann ein leichtes Gerätetraining.«

Hilfe! Mein Fitnesslevel wollte ich von Don José de Chippendale auf gar keinen Fall unter diesen Bedingungen prüfen lassen. Schummrig und mit einem von diesen sexy halbdurchsichtigen Bademänteln richtig drapiert – ja. Unter Neonlicht im miefigen Trainingsraum mit der gnadenlosen Ausleuchtung einer H&M-Umkleidekabine – nein. Wie peinlich sollte das denn werden, wenn ich mich nur noch keuchend, schwitzend und um Luft ringend auf dem blöden Stepper vor ihm zum Affen machen sollte.

Ich hörte mich ganz cool sagen: »Du, José, ich bin schon mal im Fitness-Studio gewesen. Du brauchst echt keine Analyse mit mir zu machen. Erklär' mir doch kurz die Geräte, und dann mach' ich alleine weiter. Alles easy, danke.« – »Lisa, das ist schön, dass du schon mal im Fitnessstudio warst, aber wir müssen auf jeden Fall dein Fitnesslevel wissen, um einen effizienten Trainingsplan zu erarbeiten. Außerdem müssen die ersten drei Trainings in unserem Studio immer unter physiotherapeutischer Aufsicht absolviert werden, um sicherzugehen, dass die Übungen richtig ausgeführt werden. Sonst nutzt das hier alles nichts.« Ich nickte ergeben. Ok, also starteten wir unsere Fitness-Analyse. Was soll ich euch sagen – das Ergebnis war wenig befriedigend. Laut José war dringend fällig: ein PWC-Fahrradergometertest, eine Körpergewichtsmessung mit Bestimmung des Body-Mass-Index, eine würdelose Messung des Körperfett- und Körperwasseranteils und (fand ich am wenigsten schlimm) eine Messung des Ruhepulses.

José machte mir am Ende noch einen Supervorschlag: »Wir können auch noch eine Laktat-Messung durchführen, allerdings wäre hier ein kleiner Aufpreis fällig.« Laktattest, ja klar! Der Penner! Was bildet sich der kleine Gockel eigentlich ein! Frechheit. Laktattest. Ich bin Stillmama! Ich merke auch so nach ein paar Stunden, wie die Milch in meinen Brüsten sauer wird, wenn der kleine Prinz mal nicht in der Nähe ist, um seinen Hunger zu stillen. Ich dachte schon, es wäre schlimm, mir vor Mr. Chippendale auf dem Stepper einen abzustrampeln, aber den Rest kann sich dieser arrogante Kastagnetten-Schüttler mal gepflegt abschminken. Da hat er ja genug Puder für im Gesicht. Der eitle Fatzke. Erst einen auf nett machen und hintenrum die Sauerei anleiern, um so eine normale Frau wie mich zu demütigen. Ist doch so!! Ich war kurz vorm Heulen und wollte nur noch weg. Da hörte ich mich auch schon flöten: »Du, José, ich muss vorher mal kurz für kleine Mädchen.« Wissend lächelt er mich an. »Ja, das müssen sie alle vor dem Wiegen und hoffen auf 200 Gramm weniger.« Blödmann, was glaubt der, wer er ist. Erst einmal ab in die Umkleidekabine und so schnell wie möglich weg hier.

Und es kommt, wie es kommen muss, ich laufe meiner ehemaligen Kommilitonin Anka in die Arme. Zur Erklärung: Anka war zur Studienzeit einfach schon immer die Fitteste. Man muss leider auch neidlos anerkennen, dass diese Frau allen Gisele Bündchens, Heidi Klums und wie sie alle heißen figurmäßig Konkurrenz machen konnte. Und leider kann sie es heute immer noch. Ich wünschte, ich könnte etwas anderes behaupten, aber nein, sie sieht genauso toll wie alle anderen Statisten im Studio aus. Ich wollte sie eigentlich schon fragen, ob sie den Job im Fitnessstudio auf 400-Euro-Basis macht. Anka sieht mich, und ich hoffe noch, dass sie mich komplett durchgeschwitzt (leider nur von der ganzen Aufregung und nicht vom Training), vielleicht gar nicht erkennt, aber zu spät.

»Huhu, Lisa, das ist ja 'ne tolle Überraschung! Wie geht es dir denn? Boah, du hast dich heute aber schon gut ausgepowert. Echt stark! Welchen Kurs hast du denn gerade gemacht? Zumba, Bikram Yoga oder Spinning?« Ich verstehe nur Bahnhof und muss auch Gott sei Dank gar nicht antworten, da sie mir im Anschluss direkt erklärt, dass sie nun alle Kurse hintereinander besuchen wird und dann noch 'ne Stunde auf den Crosstrainer geht. Kurz tauschen wir noch ein paar Höflichkeitsfloskeln aus und verabschieden uns mit Bussi Bussi. An der Rezeption hole ich noch schnell meinen Schlüssel und bitte die Thekenbedienung, José zu erklären, dass ich einen Anruf erhalten habe und dringend zu meinen Sohn muss. Puh, nix wie weg.

Zu Hause machte sich Ernüchterung breit. Resigniert musste ich feststellen: So hatte ich mir das mit dem Abnehmen nicht vorgestellt. Die geschummelten 4 kg wollte ich allerdings trotzdem noch loswerden. Und wie bereits gesagt, man muss sich dem Feind selbstbewusst stellen. Ich weiß auch schon, wie. Im Aldi gibt es nächste Woche ganz billig eine komplette Nordic-Walking-Ausrüstung: Stöcke, Hose, Jacke und Schuhe! Und dann frag ich einfach mal unverbindlich die netten Damen aus der Nachbarschaft, ob ich nicht mal mitlaufen könnte. Die scheinen da immer eine Menge Spaß zu haben. Und diese blöden Tussen, die sich darüber immer lustig machen müssen und sich für was Besseres halten – die können mir mal so was von gestohlen bleiben! Die sollen sich mal schön an ihre eigene Hüfte packen. Ist doch wahr!

»Na, das sollte meiner sein!«

Mit Kindern an der Supermarktkasse.

Es ist doch immer dasselbe. Man müsste vorbereitet sein. Man könnte es wissen. Es passiert ja schließlich nicht zum ersten Mal. Und sicher – mal kommt es schwächer, mal stärker. Aber jedes Mal ist es wie aus heiterem Himmel. Ich weiß, was Sie jetzt denken. »Feller, komm doch mal zum Punkt! Worum geht es denn?« Worum es geht? Ganz bestimmt nicht um irgendeinen schangeligen Hurricane an der amerikanischen Westküste. Nein, es geht um außer Kontrolle geratene Kleinkinder an Supermarktkassen.

Als ich noch keine Kinder hatte, stand ich oft bei Edeka an der Kasse und weidete mich mit überheblichem Besserwissertum an den sich vor mir abspielenden Terroraufführungen am Überraschungs-Ei-Ständer. Eine ist mir besonders im Gedächtnis haften geblieben. Da stand also Mutti – wir nennen sie der Einfachheit halber und ohne abwertend sein zu wollen im Folgenden nur »Mutti« – in der Adventszeit vor mir an der Kasse und räumte im verschwitzten Daunenparka einen Einkaufswagen aus, der meiner Ansicht nach an jeder Zollstation rausgewunken und zum Strafwiegen auf die LKW-Waage beordert worden wäre. Das Gesicht hochrot, die ersten Schweißperlen kullerten (Gott sei Dank) auf den großen 10-Kilo-Katzenstreu-Beutel »Extra saugstark«, den man natürlich nicht im Wagen lassen darf, weil ja der feine Herr Edeka ein Schild an der Kasse aufgehängt hat: »Bitte legen Sie alle Waren aufs Band.« Selbstredend auch, dass der junge Mann vor Mutti nur eine Tüte Chips, Zigaretten und eine Packung Miracoli auf dem Band liegen hatte – was nichts anderes bedeutete, als dass die arme Frau das Tempo zum Auspacken noch erhöhen musste. Dann passierte Folgendes: Der junge Mann hatte bezahlt, und ungerührt fing die desinteressiert guckende, kaugummikauende Kassiererin mit den billigen Glitzer-French-Nails blitzartig damit an, Muttis Einkauf über den Scanner zu schubsen und den ganzen Kladderadatsch mit dem großen Holzschiebetrenner in das viel zu kleine Warenfach zu quetschen, während Mutti hinten am Band immer noch hektisch die letzten Sachen aus dem Korb auf das Band wuchtete. Um das Elend und seine Folgen noch deutlicher zu machen: Der 10-Kilo-Katzenstreu-Beutel demolierte die reifen Kiwis und machte aus einer Tüte Butterkekse süßes Paniermehl. Die brutal angedötschten Kiwis wiederum versauten den kompletten Resteinkauf mit Saft, Kernen und Fruchtfleischresten, die – so viel ist sicher – irgendwann später beim Auspacken auch Muttis Jackenärmel erreichen und die flotte Jack-Wolfskin-Joppe mit den schicken und doch so praktischen Reflektortatzen eklig versiffen würden. Kleines Übel, große Wirkung.

Aber verlassen wir wieder diesen tragischen Nebenschauplatz. Richtig, werden Sie sagen, ich dachte, es geht hier um Kinder. Genau. Während also Mutti wie Sisyphos am Band hechelte, hatte sich ihr kleiner Spatz vor dem Überraschungs-Ei-Regal aufgebaut und gefühlt eine Stunde lang mit einer unangenehmen Schreistimme »Will haben« gebrüllt. Aber Mutti blieb eisenhart. Kompromisslos. Und mit einer autoritären Vernunft wiederholte sie stoisch immer wieder denselben Satz: »Da kannst du jetzt schreien, wie du willst, Ben-Erik, die Mutti kauft das nicht.« Gut, dachte sich Ben-Erik, »wenn ich schreien kann, wie ich will, dann mach ich das doch jetzt einfach mal.« Und das tat er auch. Nur lauter. Ungefähr so laut wie Godzilla, als er angeschossen durch New York taperte und große Straßenlaternen mit quietschenden und nervenzerfetzenden Geräuschen abbrach, als wären sie mickrige Zahnstocher. Da Mutti aber immer noch im Krieg mit der Kassiererin war und nicht wie gewünscht reagierte, änderte Godzilla seine Taktik. Er schmiss circa 20 Eier in den Einkaufswagen. Schreien konnte er nicht mehr, weil er bereits angefangen hatte, sich ein Ei komplett mit Folienresten, aber immerhin ohne gelbes Plastikei in den Mund zu stopfen. Mutti, mittlerweile gewaltbereit wie Michael Douglas in »Falling Down« (aber glücklicherweise unbewaffnet), räumte unter Tränen so viele Eier wie möglich aus dem Wagen zurück, bezahlte anschließend und verließ den Kriegsschauplatz, nicht ohne Ben-Erik darauf hinzuweisen, dass das ganze Theater »irgendwie nicht ok« sei und er zu Hause auf jeden Fall kein Ei mehr bekommen würde. Ich konnte es nicht glauben und weiß heute noch exakt, was ich damals gedacht habe: Wenn DAS meiner gewesen wäre! Dem hätte ich links und rechts die Ohren lang gezogen! Der hätte es nicht einmal gewagt, sich überhaupt dem Ständer mit den bekloppten Eiern zu nähern. Wie kann man seinen Kindern überhaupt so einen Scheiß geben? Und obendrauf am besten noch zu McDonald's gehen.

Schnitt. Fünf Jahre später. Derselbe Edeka, dasselbe Bild, nur Mutti ist eine andere. Ich bin Mutti. Aber auf keinen Fall mit Jack-Wolfskin-Jacke. Ich trage nur The North Face. Als ich mich der Kasse nähere, erblickt mein Ältester die Lutscher und beginnt augenblicklich mit der jallernd vorgetragenen Dauerbeschallungsfrage: »Kann ich einen Lolly,

Mami?« Milde, wenn nicht gar gütig lächelnd schaue ich meinen kleinen Prinzen an und sage mit einer sanften, aber dennoch bestimmten und nicht den geringsten Zweifel an meiner Ernsthaftigkeit zulassenden Stimme: »Nein.« Ich bin stolz. So einfach kann Erziehung sein. Das ist nämlich eine Haltungssache. Nicht mehr, nicht weniger. Die Kinder müssen spüren, dass man sich nicht auf der Nase herumtanzen lässt. Das ist wie in der Natur. Wenn da ein kleines Wolfsjunges dem Rudelführer am Bart zupft, dann wird da nicht lange gefackelt. Da gibt es eine klare Ansage und ordentlich was auf den Pelz gebraten. Da quieken die kleinen Welpen erschrocken auf – aaaaber dann ist der Drops gelutscht. Bumms aus! Die kommen nicht noch einmal angeschissen.

Der überlegene Intellekt des Menschen kann natürlich auf die körperliche Erziehungskomponente getrost verzichten. Mein purer Wille macht diesem kleinen Menschen klar, dass hier das Ende der Fahnenstange erreicht ist. Federnden Schrittes, ein kleines Triumphlächeln um meine souveränen Mundwinkel, schiebe ich den Wagen an die Kasse und fange an, ohne unnötige Hast den Inhalt wohlsortiert auf das Band zu legen. Ich bin ja nicht auf der Flucht, und schließlich – das kann ich jetzt schon mal klarmachen – werde ich mir den teuren Einkauf nicht vermatscht in die Klappbox packen. Remember Mutti und die Kiwis! Hoho, aber nicht mit mir. Wer bin ich denn, dass ich mir von so einer kleinen Lehrlingstussi an der Kasse das Spieltempo aufoktroyieren lasse?

Während ich so selbstsicher und selbstgefällig meinen Wagen auspacke, bemerke ich auf einmal die zahlreichen Duplos, Hanutas und Chupa Chups. Wie kommen die denn in den Wagen? Das kann doch nur das kleine Aas gewesen sein. Energisch richte ich mich auf und zitiere Monsieur zu mir. »Du weißt schon, dass du jetzt den ganzen Kram aus dem Wagen holst und wieder ins Regal zurückbringst, Freundchen. Aber auf der Stelle. Und ich will nichts hören. Dann vergesse ich das. Vielleicht.« Freundchen rührte sich nicht vom Fleck und fing sofort an, lautstark zu heulen. »Bitte, Mami, ich hatte heute erst zwei Lutscher, das ist keine Schokolade! Menno, nie krieg' ich was! Nie, nie, nie! Du bist dooof! Ich habe noch nie in meinem Leben was gekriegt! Dann bin ich auch wieder lieb! Wirklich! Ach Mann, du hast es versprochen!« Warum müssen diese kleinen Talibans das immer so brüllend laut machen? Widerlich nervend. Muss das immer gleich jeder mitkriegen? Können die nicht leise heulen? Angesickt zische ich: »So-fort! Keine Diskussion. Ich habe gar nichts versprochen!« Das Heulen wird durch Wutschreien abgelöst. »Jawohl, hast du das versprochen! Du lügst!« Oh Gott, dieser kleine Bastard. Ich merke, wie mir das Angstschwitzwasser in den Klempnerpfirsich rauscht und das Tal der Brüste im BH flutet. Zeitgleich steigt eine unbändige Wut in mir hoch, und ein gewisses Gefühl der Hilflosigkeit macht sich breit. Jetzt nicht die Nerven verlieren, Lisa. Benutze deinen Verstand. Bevor mir mein Verstand jedoch eine angemessene Lösung präsentiert, meldet sich der Maurer hinter mir mit dem Fleischwurstkringel und der Tüte Brötchen auf dem Band: »Hömma, junge Frau, ich wollte Weihnachten eigentlich zu Hause feiern. Komma inne Pötte. Mittagspause dauert auch nicht ewig.« Fassungslos starre ich nach Worten ringend den dreisten Idioten an: »Ich glaube nicht, dass Sie das was angeht. Und wenn ich Ihre Meinung in Erziehungsfragen konsultieren möchte, dann sollten Sie vorher sichergehen, dass Sie nicht schon um 12.30 Uhr eine Alkoholfahne haben.«

Nur, um das noch mal klarzustellen: Die Zeit, die das Maurergespräch in Anspruch nimmt, wird von meinem Sohn natürlich weiterhin mit Heulen, Schreien und dem ominösen Lügen-Hinweis untermalt. Offensichtlich ist

Fleischwurst-Erwin aber nicht an einer Diskussion interessiert. »Laber keine Scheiße, mach feddich!« Hart nach Luft ringend, muss ich schockiert feststellen, dass sich jetzt auch noch zu allem Überfluss die auf meine Bezahlung wartende Kassiererin wenig dezent einschaltet. »Hören Sie, es wäre echt schön, wenn Sie Ihr Gespräch draußen fortsetzen könnten. Da stehen ja auch noch andere Leute an der Kasse. Die warten auch alle. Und der Kleene hier ist doch auch schon ganz rappelig. Das macht dann 83,64.« Eine bodenlose Unverschämtheit. Hat sich die Welt gegen mich verschworen? Zählen denn Umgangsformen gar nichts mehr? Kann mir jetzt einfach jeder hier in den Rücken fallen, während ich versuche, meinem Kind Anstand und gutes Benehmen beizubringen? Dieselben Arschgeigen beschweren sich hinterher in der U-Bahn, wenn mein Sohn sie mit Bier überschüttet und nicht aufsteht. Müde höre ich mich sagen: »Ja, wenn die Mami das versprochen hat und sich aber nicht mehr daran erinnern kann, dann kauf ich das eben. Dann ist aber auch Ruhe!«

Ich weiß nicht, wie ich, ohne loszuheulen, die Tüten und das Kind ins Auto bekommen habe. Als ich endlich am Steuer saß und von hinten nichts als ruhige Essgeräusche hörte, drehte ich mich um und stellte gelassen die Machtverhältnisse wieder her. »Freundchen, das war's dann aber auch für heute mit Süßigkeiten. Ich will nichts mehr hören. Noch mal so ein Geheule und es ist zappenduster.« Sag ich doch. So muss man mit Kindern reden. In Ruhe, ohne dass sich irgendwelche Dilettanten einmischen. Reuevoll nickte mein kleiner Schatz und sagte: »Mami, ich hab Hunger. Fahren wir zu McDonald's?« – »Auf keinen Fall. Nein. Vergiss es.« Ich hätte es wissen können. Sofort und ohne Vorwarnung ging die tosende Sirene an: »Du hast es mir aber versprochen!« Echt? Ich glaube, er lügt. Egal. Ich nehme einen Milchshake.

»Ja, das muss so laut!«

Fliegen mit Kindern.

Mein Mann ist echt ein Trüffelschwein im Internet, wenn es darum geht, das billigste Angebot zu erschnüffeln. Ich weiß nicht, wie der das macht. Den QVC-Stütz-BH für 24,90 Euro. Da lach ich drüber. Den hat er in Singapur für 2,16 Euro geschossen. Das Kilo! Der hat einen kompletten Raummeter Lego Star Wars im Legoland Dänemark erstanden, und zwar so günstig, dass Lego Deutschland ihm genau diesen Restposten hinterher bei eBay für den doppelten Preis wieder abgekauft hat. Wenn mein Mann damals am Klondike River zum Goldschürfen gewesen wäre, der hätte gar nicht vom Pony absteigen müssen, dem wäre die Goldader von alleine gegen die Füße gesprungen.

Auch beim Flügebuchen – der Wahnsinn! Der hat einen solchen Spaß daran, die günstigsten Flüge rauszusuchen und für einen zweistelligen Centbetrag irgendwelche Interkontinentalflüge klarzumachen. Manchmal hab ich das Gefühl, der verarscht mich und dem gehört eigentlich schon die Airline.

Im letzten Sommer war es wieder so weit. Wir wollten wie immer nach Spiekeroog, da kommt mein Spürhund stolz wie Bolle auf mich zu. Ich habe schon von Weitem gewusst, was Sache ist, und sage: »Schatz, wohin geht's?« Dass er nicht vor Stolz geplatzt ist, war alles: »Zarkynthos!« Da war er wieder, mein kleiner EasyJet. »Halt dich fest, 39 Euro, 4 Personen hin und zurück. Das ist so günstig, ich überleg schon, damit jeden Tag zur Arbeit zu fliegen!«

Im ersten Moment war ich nicht allzu begeistert. Eine Mutter scannt sofort alles ab. Fliegen. Mit zwei Kindern. Der eine plärrt, der andere nölt, und alle anderen Gäste würden dich am liebsten auf den Mond schießen. Wie anstrengend. Aber diese welpengleiche Freude meines Göttergatten wollte ich keinesfalls schmälern: »Toll. Wann geht's los?« – »Morgen.« Ich wollte pragmatisch sein und sagte: »Schön, dann pack ich jetzt die Koffer.« Mein Süßer wurde so leise, ich hätte ihn fast überhört. »Ähem. DEN Koffer.« Ich wurde blass. »Wie DEN Koffer?« Er druckste herum wie sonst nur meine Kleinen, wenn sie »versehentlich« ein Hanuta zu viel gemopst haben: »Wir dürfen zu viert nur einen Koffer mitnehmen.« Ich blieb erst mal ganz ruhig: »Wenn ich Schnallen und Rädchen an unseren Schlafzimmerschrank schraube, zählt der dann als Koffer?« – »Hm, nee, maximal 20 Kilo.« – »Gegenfrage. Handgepäck?« – »Ist frei.« – »Ok, ich hab noch vier Handtaschen, einen Rucksack und drei Tiefkühltüten aus dem REWE. Und aus den Strandtüchern knoten wir einen Schuhbeutel für die Kinder.« – »Watt Schuhe? Brauchen die nicht, da isses warm.« – »Deine Kinder sind zwar klein, aber keine Hobbits. Guck noch mal aufs Ticket, ob da wirklich Zarkynthos draufsteht oder Mittelerde.« So klein wollte er aber noch nicht beigeben: »Zur Not trag ich ihn halt die ganze Zeit.« – »Wenn nicht wieder deine Bandscheibe rausknallt...« Aber das habe ich netterweise nur gedacht.

Irgendwann hatten wir die 20 Kilo bis aufs Gramm genau gepackt (»Warte, ich schneid die Seife eben durch, dann können wir noch einen Flipflop mitnehmen!«) und kamen mit acht Taschen Handgepäckstücken an den Flughafen.

Folgende Szene: Flughafen Münster/Osnabrück. Wie beschreib ich ihn jetzt? In der westfälischen Tiefebene, zwischen Rapsfeldern und Maisfeldern, im Schulterschluss von Ems, Teutoburger Wald und der A1 liegt ein kleiner, beschaulicher und possierlicher Flugplatz. Von der Größe eines Bierdeckels. Man kennt sich, man schätzt sich, man freut sich. Hier ist die Welt noch in Ordnung, hier ist man Mensch, hier darf man's sein. So weit, so gut. Schnitt. Auftritt: Hannibal und seine Elefanten. Oder anders ausgedrückt: Die Fellers rücken an. Ein Gepäck-, Kinder- und Hundetsunami auf dem Weg zum Check-in. Moment mal. Hunde? Haben wir doch gar nicht!

»Mein lieber Sohn, wo kommt der Hund her?« – »Der war da angebunden und hat soo traurig geguckt.« – »Bring den sofort zurück!« Natürlich noch dabei: der Kinderwagen, auf dem der Maxicosi samt wenige Monate altem Nachwuchs thront. Mit einer Hand schob ich den Kinderwagen, an der anderen klebte mein älterer Sohn, der schon jetzt laut jankte: »Mutti, ich will ein Eis, sind wir bald da, ich muss mal Pipi, dein Rucksack drückt auf meinen Piepmann, mir ist kalt, mir ist warm, mir ist langweilig.« Alle anderen – und ich meine ALLE anderen Leute am Flughafen hassten uns bereits zu diesem Zeitpunkt. Ich sah sie förmlich denken: »Was machen die denn hier? Warum müssen die denn mit zwei Kindern fliegen? Kann man nicht woanders Urlaub machen? Gibt doch so schöne Tropfsteinhöhlen. Oder warum nicht einfach unter Tage.« Und das Beste war: Ich habe dasselbe gedacht! »Was mache ich hier eigentlich?« Es hat uns auch niemand vorgelassen in der Warteschlange. Die Kinder konnten schreien, als würden sie bei Hannibal Lecter persönlich im Wok schmoren – unser Umfeld guckte eher böse und schüttelte den Kopf. »Selbst schuld, was müssen die auch Kinder kriegen!«

Es gab auch nicht mehr Verständnis, nur weil mein Baby geschrien hat. An Bord waren locker 39 Grad Celsius, und die Airline hatte keine Klimaanlage. Das war egal, denn die Raumtemperatur sank von alleine, als mein Schätzchen die Königin der Nacht in C-Dur, na ja, sagen wir C-Schrei gegeben hat. Ich habe mein Baby panisch geschunkelt, damit es ruhig ist, war selber genervt bis in die schon längst für den Frisör überfälligen Haarspitzen und hätte die Leute am liebsten genauso angeschrien: »JA, MEIN GOTT, ES IST EIN KIND! JA, DIE SCHREIEN! UND JA, ICH MUSS AUSGERECHNET IN DIESEM FLUGZEUG SITZEN!!« Da ist nix mit: »Den Kindern gehört das Himmelreich.« Da ist eher angesagt: »Himmel, es reicht!«

Ich hatte genauso für meinen Sitz bezahlt wie die Tante vor mir. Da saß sie, die durchtrainierte Mittfünzigerin mit frisch onduliertem Haupthaar und nicht zu unauffälligen Swarovski-Klunkern. Neben ihr der passende Mann. Vorstand eines mittelständischen Unternehmens, dem wiederum ein mittelständischer Bauch vorstand. Beide nutzten offensichtlich dasselbe Münz-Ibiza, vielleicht im Partnerschaftstarif 15 Minuten für 5 Euro in der Happy Hour, denn die beiden sahen aus, als hätten sie sich mit derselben Indianerkarnevalsschminke eingeschmiert. Wofür fuhren die überhaupt noch in den Urlaub? Die waren doch schon so braungebrannt. Sogar bis ins Hirn, wie ich bald feststellen durfte.

Mein Sohn setzte sich hin, freute sich diebisch über den klappbaren Tisch, machte ihn auf und wieder zu. Ehrlich gesagt, das ist eine Geste, die auch jeder Erwachsene einmal macht, wenn er sich hinsetzt, aber weil die Vorstadt-Jane-Fonda aus der Reihe vor uns Kindern offensichtlich nicht – sagen wir – allzu positiv gegenüberstand, drehte sie sich um, guckte mich vorwurfsvoll an und ließ dieses genervte »Tsts« hören, mit dem passenden Kopfschütteln dazu.

Hätte ich was Vernünftiges gelernt, zum Beispiel Callcenter-Agent, hätte ich mit so einer Situation umgehen können. Ich hätte den Ärger weggelächelt, vielleicht noch was Verbindliches gesagt, à la »Stets zu Ihren Diensten!«, und wenn sie später noch mal genervt geguckt hätte, hätte ich doppelt gewinnend lachen und ihr eine Weinbrandbohne zur Beruhigung anbieten können. Ich habe aber ein ausgewogenes Beschwerdemanagement nie gelernt. Ich kann also gar nichts dafür, dass ich sofort auf Alarmstufe Rot gestellt habe. Wenn einer meinen Kindern was Böses will, und wenn es nur ein »Tsts«-Schnalzen mit der Zunge ist, dann setzt bei mir was aus. Also habe ich wie so eine schlechte Ghettobraut mit schnippischer Lippe gefragt: »Was is'n?« Sie war allerdings überfordert und hat sich erst mal wieder weggedreht.

Normalerweise hätte ich meinem Sohn untersagt, die ganze Zeit mit beiden Füßen gegen den Vordersitz zu treten, als säße er im Ruderboot. Aber ich fand, so ein paar Tritte hätte Madame noch verdient, und deshalb gab ich vor, ich hätte nichts gemerkt, weil ich mich ja noch um den ganz Kleinen kümmern musste. Der schlief zwar inzwischen, aber egal. Ich freute mich einfach, dass die Olle vor mir jedes Mal nach vorne nickte, wenn mein Sohn von hinten wieder seine Füßchen in ihre Rückseite gestemmt hat. Eigentlich konnte sie doch dankbar sein, bei einer thailändischen Massage hätte sie dafür viel Geld ausgegeben!

Irgendwann drehte sich der Besen wieder um. »Das stört mich unheimlich.« Ich natürlich immer noch im selben Aggroghettomodus: »Was 'n?« – »Na, dass Ihr Sohn gegen den Sitz tritt.« – Ich: »Oh, das hab ich gar nicht mitbekommen. Schätzelein, lass das mal.« Der hörte sogar prompt auf! Ich wollte mich gerade innerlich dafür feiern, dass mein Sohn ausnahmsweise beim ersten Mal pariert hat, da ging das Gezeter von vorne weiter. Jetzt hatte sie nämlich

Oberwasser. »Das muss man so einem Kind doch sagen können!« Ich: »Äh, aber das hab ich doch.« – »Ja, JETZT! Aber vorher!« – »Aber da hab ich's doch noch gar nicht mitbekommen!« – »Sehen Sie, das meine ich.« Und ich so: »Hä?« Und dann hat sie sich wieder umgedreht. In einem Disney-Zeichentrickfilm hätte sie dabei ihren schwarzen Mantel mit hochstehendem Kragen um ihre Schulter geworfen und wäre davongerauscht. Hier im engen Flugzeug schaffte sie es immerhin, sich ihr Nackenkissen richtig wütend um ihren zu häufig verbrutzelten, faltigen Hals zu legen. Da das Kissen zu stark aufgepustet war, saß sie wie ein Flitzebogen mit Kopf nach vorne. Sie versuchte ein paar Minuten lang, das jetzt echt bequem zu finden, dann riss sie sich das Ding wieder runter und knallte es ihrem Mann in den Schoß. »Was hast du da nur für einen Mist gekauft? Typisch, da schickt man dich einmal zum Einkaufen los!« Er wusste nun überhaupt nicht, wie ihm geschah, stammelte nur: »Aber das ist doch hier von der Airline«, wonach auch er ihre offensichtliche Allzweckantwort vor den seidentuchumschlungenen Latz geknallt bekam: »Siehst du, das meine ich.« Und er: »Hä?«

Ich habe äußerst zufrieden in mich reingekichert. Leider war mein Kleiner ziemlich schnell wieder wach und hat wieder geschrien. Und ist wieder eingeschlafen. Und wieder wach. Und geschrien. In einer Tour! Als wir das Terminal verlassen haben, hatte ich mehr Schweiß verloren als Rainer Calmund beim Bodenturnen. Und mir war klar: NIE wieder fliege ich mit Kindern. NIE wieder! Aber wie heißt es so schön? Gehabte Schmerzen hab ich gern! Und richtig, kaum hatten wir die Sonne im Gesicht, hatte ich die Flugreise schon fast vergessen. Wir hatten einen herrlichen Urlaub!

Aber dann stand ja noch die Rückreise an. Schon zwei Tage vorher wurde mir flau im Magen. Doch es wurde alles gut. Abgesehen davon, dass mein kleiner Engel den ganzen Flug über schlief wie ein Stein, hat die Gerechtigkeit zugeschlagen: Wie es der Zufall so wollte, saß doch tatsächlich das Paar von der Hinreise eine Reihe hinter uns! Und obwohl sie inzwischen so braun gebrannt waren wie zwei vergessene Broiler auf dem Oktoberfest, konnten sie noch leichenblass werden. »Das gibt es doch nicht!« Ja, das habe ich auch gedacht. Diesmal saß die Gute direkt *hinter* meinem Sohn. Ich habe ihm kurz nach dem Starten mit einem beherzten Schwung die Lehne nach hinten bugsiert, zielgenau auf die beiden Knie der Dame hinter ihm. Natürlich hat das Gegacker des verkohlten Broilers nicht lange auf sich warten lassen: »Aua! Können Sie die Lehne bitte wieder nach vorne stellen, ich hab hier überhaupt keinen Platz!« Diesmal war ich die Ruhe selbst. Ich wusste ja, welche Sprache sie versteht. Ich drehte mich um und flötete völlig sinnentleert: »Sehen Sie, das meine ich!« Und sie so: »Hä?« Ach, vielleicht fliege ich das nächste Mal doch wieder mit Kindern …

Der Klügere kippt nach

Wie mein Mann den Initiationsritus meines Großvaters überlebte.

In jedes Buch, in dem es um Kinder geht, gehört ein Kapitel über die Großeltern. Wie ich darauf komme? Das ist ja wohl logisch. Meine Kinder erinnern mich eigentlich ständig daran. Denn mindestens einmal die Woche passiert es, dass ich die beiden Racker vom Kindergarten abhole und sie mir schon mit irgendetwas Selbstgebasteltem oder Gemaltem entgegenstürmen. Die Top drei: der Handabdruck im Salzteig, der Fußabdruck farbig auf einer Jutetasche, ein Hexenhäuschen aus Butterkeksen. Wenn ich dann freudestrahlend sage: »Oooh, danke, ist das für mich?«, dann heißt es in neunzig Prozent der Fälle: »Nein, das ist nicht für dich. Das ist für Oma Tick Tack.« Oma Tick Tack, ist das nicht süß? Eigentlich wäre es doch einfacher, Uroma zu sagen. Aber diese kleinen Gehirne verlinken sich irgendwie anders. Oma Tick Tack. Großartig.

Gemeint sind meine Großeltern. Und ich gönne ihnen die Basteleien von ganzem Herzen. Als ich noch zur Schule gegangen bin, war ich fast in jeden Ferien zu Besuch bei meinen Großeltern. Als ich dann in die 10. Klasse kam und die Pubertät ihren Höhepunkt erreicht hatte, kam ich immer noch regelmäßig in den Herbstferien zu Besuch. Meine

Oma ist die liebe Bilderbuch-Oma, die jeder aus dem schönsten Märchen kennt: Mit Schürze, Dutt und nach Lavendelseife duftend, stand sie den ganzen Tag in der Küche und zauberte mühelos die leckersten Kuchen, Braten und alle Arten von Pudding. Abends im Bett las sie mir Geschichten von Hanni und Nanni vor, und sie liebte es, beim Mau-Mau nach allen Regeln der Kunst zu betuppen! Am liebsten hörte sie immer von Peter Alexander »Die süßesten Früchte«, und über Jahre hinweg haben wir dieses Lied beim Spülen in der Küche gesungen.

Als ich dann als Teenie anfing, Nena und die Beatles zu hören, summte sie immer fröhlich mit. Ich werde nie vergessen, als ich von den fröhlichen Beatles-Liedern wie »All My Loving« zu den etwas hipperen Sachen wie »Strawberry Fields Forever« wechselte und mir deswegen das blaue Album in die Herbstferien mitgenommen hatte. Am dritten Tag hörte ich dann Omas Stimme aus der Küche, die ganz neugierig fragte: »Was hörst du denn da für Musik, Lisa?« Ich rief: »Kennst du nicht, Omi! Das sind die Beatles!« Oma (entrüstet): »Natürlich kenne ich die Beatles! Das sind doch die Stones!« Und dann pfiff und summte sie fröhlich weiter. Was für eine tolle Frau!

Mein Opa ist auf den ersten Blick der totale Gegensatz. Im alten Palomino-Trainingsanzug mit den zwei Streifen sitzt er den ganzen Tag auf dem Sofa. Immer eine Ernte 23 qualmend im Aschenbecher, weil er ja – darauf legte er großen Wert – ein nichtrauchender Raucher war. Er zündete sich unter großem Gepruste die Kippe an, blies den Rauch sofort aus und ließ den Stengel dann in der Mulde des angedellten Zinkaschenbechers verqualmen. Der Arzt hatte ihm nämlich wegen seiner Lungenverletzung, die aus dem 2. Weltkrieg stammte, das Rauchen verboten. Natürlich hat Opa das so lange ignoriert, bis Oma ihm mit Bratkartoffelentzug gedroht hatte. Wie bitte? Ja, Sie haben richtig gelesen: Bratkartoffelentzug! Mein Opa liebt Bratkartoffeln. Ich habe ihn selten etwas anderes essen sehen außer Omas Bratkartoffeln. Ich glaube, eher würde der Kölner Dom die Tauben anscheißen, bevor Opa auf seine täglichen Bratkartoffeln verzichtet. Wenn er ein ägyptischer Pharao gewesen wäre, dann hätte man in seiner Grabkammer wahrscheinlich nur goldene Schüsseln mit mumifizierten Bratkartoffeln gefunden. Und als er das ärztliche Rauchverbot ignorierte wie King Kong das »Fassaden klettern verboten«-Schild am Empire State Building, hat Oma nichts gesagt und ihm – ohne ihn eines Blickes zu würdigen – eine Portion Tüten-Bratkartoffeln auf den Tisch gestellt. Auf seine ungläubige Frage »Was soll denn der Schiet hier?«, antwortete sie leise und bestimmt: »Ich mache mir keine Mühe mehr für so einen Dösbaddel wie dich.« Da wusste Opa natürlich genau, was die Uhr geschlagen hatte. Wie pflegte er doch immer zu sagen: Der Klügere kippt nach! Aber weil er auch ein unfassbarer Dickkopf war, wurde er eben der nichtrauchende Raucher.

Mich liebt er über alles, meinen Süßen allerdings nicht. Schon die Tatsache, dass mein Schatz den Wehrdienst verweigert hat, ist für meinen Opa gleichzusetzen mit Landesverrat und sollte nicht mit einer Haftstrafe und Arbeitsdienst unter 25 Jahren bestraft werden. Er war in russischer Gefangenschaft, und das hat ihn sehr geprägt. Mein Süßer – und dafür liebe ich ihn noch mehr – lässt das alles cool über sich ergehen und behandelt den alten Motzkopf meistens mit ausgesuchter Höflichkeit und der Gelassenheit eines tibetanischen Tempeltänzers. Auch ohne ein Motto wie »Der Klügere kippt nach!«.

Politisch ist Opa also (wenig überraschend) eher bei der guten alten CSU anzusiedeln (auch wenn er die im Ruhrgebiet nicht wählen kann), was ihn natürlich nicht davon abhält, Horst Seehofers »außereheliche Turnübungen als lotterhafte Fehltriebe eines kommunistischen Lustmolchs« zu geißeln. »Wenn das der Strauß wüsste«, ist sein reflexartig rausgebellter Kommentar, wann immer in den Nachrichten der Name »Seehofer« erwähnt wird. Aber so knurrig und schrullig der alte Mann auch poltert – seine Enkel behandelt er wie Zuckerwatte! Er spielt den ganzen Tag »Mensch ärgere dich nicht« oder läuft stundenlang und alles geduldig sowie liebevoll erklärend mit ihnen durch den Zoo. Oder er sitzt mit meinen kleinen Schätzen im Werkstattkeller und baut mit ihnen Lokomotiven und Vogelhäuschen aus irgendeinem Stück Holz, das die kleinen Mäuse draußen gefunden haben. Mit den Kleinen spricht er auch ganz vorsichtig und so leise wie ein gütiger Brummbär – was meinen Mann wundern lässt, ob er Wahrnehmungsstörungen hat oder unwürdig ist, denn mein großer Schatz bekommt nichts anderes von ihm vorgesetzt als den bärbeißigen, lauten Kommunistenfresser. Wenn seine Enkel nicht dabei sind, wohlgemerkt!

Dementsprechend groß war die Begeisterung bei meinem Süßen, als wir letztes Jahr zu Opas 90. Geburtstag eingeladen wurden. Mein Opa wurde zwar 90 – ist aber noch sehr rüstig, obwohl er gerne den Eindruck erweckt, als ob er höchstpersönlich zwei Weltkriege verloren hat. Wir waren alle völlig mit den Nerven runter, weil er sich jetzt sogar für den Senioren-IRON-Man Castrop-Rauxel angemeldet hatte – und wir haben die Befürchtung: Der holt den Pokal! Ja, das wäre irgendwie auch logisch ... meinte zumindest mein Schatz etwas boshaft, denn was Siege angeht, hat der Opa ja einen sehr großen Nachholbedarf! Als die Kinder abends im Bett lagen und ich mit Oma in der Küche klar Schiff machte, wurde mein kleiner Zivi zur Herrenrunde ins Wohnzimmer bestellt.

Da saß mein Süßer also im launigen Kreis von sechs Kriegsveteranen, die mittlerweile dank diverser Runden

»Bommi mit Pflaume« den Polenfeldzug als eine Art kuschelig launigen Cluburlaub schilderten. Auch mein Gatte wollte sich den Club der Helden schöntrinken und trank wacker den Schnaps mit, getreu Opas Lieblingstrinkspruch: »Der Klügere kippt nach!«. In seinem jugendlichen Leichtsinn und dicken Kopf hat mein Schatz dann auf die Frage »Und, Junge, wie geht's?« lapidar mit »Gut!« geantwortet. Au Backe, das hätte er sich besser verkniffen! Opa glühte mit einem Bommi kurz nach, und schon ging's los! Der Einfachkeit halber gebe ich diesen mittlerweile schon legendären Familienklassiker als Dialog in Originalfassung wieder:

Opa: Natürlich geht's dir gut, du Lappen, weil du mit deinen 33 Jahren kein Elend kennst.

Mein Schatz: Entschuldigung, Opa, ich kenne kein Elend? Seit wann komme ich dich besuchen?

Opa: Nu werd ma nich pampig, du Drückeberger, nicht gedient, aber große Schnauze! Isset nich so, Heinz?

Onkel Heinz (wachte kurz auf, schluckte einen Bommi und sagte den einzigen Satz, den ich in 32 Jahren von ihm gehört hatte): Hömma bloß auf...

Opa: Wie bissen überhaupt hier, du Kommunist?

Mein Schatz: Mit dem Auto!

Opa: WAT? Für die paar Meter?

Mein Schatz: Hallo!? Das sind 65 Kilometer!

Opa: Ja und! 65 Kilometer! Junge, die bin ich anno 42 zu Fuß gelaufen, in einer Stunde, von Danzig ins Lazarett, barfuß, bei Schnee und Eis, und hatte noch Heinz und Albert unterm Arm, ... angeschossen! Waret nich so, Heinz?

Heinz: Hömma bloß auf!

Mein Schatz: Wie hätten wir denn deinen neuen Fernseher sonst bringen sollen?

Opa: Pah, so 'n Kasten happich damals anner Uhrkette

getragen! Wenn wir überhaupt einen gehabt hätten. Fernseher, pah, wir hatten doch nix! War doch alles kaputt nach'm Krieg! Waret nich so, Heinz?

Heinz: Hömma bloß auf!

Mein Schatz: Jetzt mach aber ma halblang, Opa, ich hab's doch nicht kaputt gemacht!

Opa (richtig in Fahrt und zwei hastig ge-exte Bommi später): Soso, er hat es also nicht kaputt gemacht! Aber beim Aufräumen hab ich dich auch nicht gesehen, du Versager, dat hat Omma alles alleine gemacht. Waret nich so, Heinz?

Heinz: Hömma bloß auf!

Mein Schatz: Opa, schön, dass du das mal ansprichst ... da ich ja noch nicht geboren war ... wo warst du denn überhaupt beim Aufräumen?

Opa (mittlerweile breit wie eine Strandhaubitze): Wo ich war? Sibirien, in Gefangenschaft! Zwanzig Mann in einer Zelle! 'n Meter mal 'n Meter war die, das waren 40 Grad im Schatten, Malaria und überall nur Tigerkacke! 14 Tage unter Wasser, Mann, hatten wir 'n Durst! Aus Heinz' Socken haben wir uns Schnaps gebrannt, waret nich so, Heinz?

Heinz: Hömma bloß auf!

Apropos Schnaps, um die Situation zu entschärfen, hab ich erst mal mit Oma drei weitere Runden Bommi mit Pflaume und Schnittchen serviert. Wie sagt Opa immer? Richtig! Der Klügere kippt nach! So weit, so gut, bis mein Opa wieder anfing zu mosern.

Opa: Ker' Heinz, wo ich dich gerade an der Stulle lutschen seh, das Brot is aber auch ganz schön hart!?

Auf einmal wurde mein Schatz lebendig und grinste von einem Ohr zum anderen. Genüsslich kippte er einen Bommi und legte los:

Mein Schatz: Was ist, Opa? Was ist das? Brot? Hart? Opa, ich will dir mal was sagen, das Brot ist nicht hart… KEIN Brot, das ist hart! Isset nich so, Heinz? Hömma bloß auf! Komm, Opa, wir trinken noch einen. Du legst vor, dann ich. Du weißt ja – der Klügere kippt nach!

Mein Opa hat einen Moment lang verdutzt geguckt und ist puterrot angelaufen. Dann fing er so laut zu lachen und zu prusten an, dass die ganze Runde nach weiteren 10 Minuten Tränen in den Augen hatte und sich alle wiehernd in den Armen lagen. Irgendwann sahen wir nur noch Opa und meinen Schatz Arm in Arm sich gegenseitig Witze erzählen, als ob sie seit Jahren ein Herz und eine Seele sind. »Verstehst du das, Oma?«, fragte ich doch stark irritiert in der Küche. »Nein«, sagt sie und goss uns auch zwei Bommis ein: »Aber du weißt doch, Lisa – der Klügere…« Lachend tranken wir aus und umarmten uns. Ich liebe meine Großeltern.

»Du, der konnte Pi ausrechnen, bevor er wusste, was ein Kreis ist!«

Wunderkinder haben immer die anderen.

Es ist ja kein Wunder, dass wir alle zum Psychiater rennen. Was unsere Eltern uns angetan haben! Schlimm. Das muss man sich mal vorstellen. Wenn wir nicht mochten, was es mittags zu essen gab, dann mussten wir das trotzdem essen! Weil unsere verdammten, selbstsüchtigen Mütter sich schlichtweg geweigert haben, uns dann noch mal eben eine einfache Schnitte zu machen. Mit ein bisschen Ei, Tomate, paar Gürkchen, halt ein bisschen liebevoll angerichtet und nicht einfach nur schnöde draufgeschmiert. Nein, das haben die nicht gemacht. »Du isst das jetzt!« – »Ich mag das aber nicht.« – »Ja, dann kannst du in dein Zimmer gehen, dann isst du eben nicht.« Bums, aus, fertig. So war das damals.

Wenn ich mir heute einen schönen Schnittchenteller selber mache, dann kommen mir sofort die Tränen, und es ist mir klar, dass das auch ein Echo und ein Rufen aus meiner unglücklichen Kindheit ist. Weil meine Mutter mich abgelehnt hat. Symbolisch natürlich. Überhaupt muss unsere Mutter auch irgendwie innerlich gegen uns rebelliert haben, denn sie hat uns nie mit dem Auto zum Sport, zur Schule oder den Freunden gebracht. Ich weiß, was meine Mutter jetzt sagen würde. »Wie denn auch, Kind, ich hatte doch gar kein Auto.« Sorry, Mama, das ist echt nur die halbe Wahrheit. Es gab ja schließlich damals schon Mietwagen, so ist es ja nicht! Ich kriege heute noch beim Anblick meines Fahrrads Panikattacken. Und das in Münster, wo ein Fahrradleben mehr gilt als ein menschliches (googeln Sie mal »Fahrrad Münster«). Was durften wir überhaupt? Nichts.

Meine Schulzeit wird demnächst von Lars von Trier verfilmt mit dem Titel »Highschool California«. Der Titel, so viel sei verraten, bezieht sich auf das gruselige Psychoszenario in dem Eagles-Klassiker »Hotel California« mit der fatalistisch-brutalen Textaussage »They stab it with their steely knives, But they just can't kill the beast.« Hauptrolle: ein drogenverwrackter John Travolta als schizophrenes Klassenzimmer (nur bei Lars von Trier möglich).

Das muss man sich mal vorstellen! Wenn ich eine Fünf geschrieben hatte, weil ich nicht gelernt habe oder sogar nicht am Unterricht teilgenommen habe, um bei Tchibo Kaffee zu trinken – dann hat meine Mutter de facto nichts anderes gemacht, als übel nachgetreten: »Da darfst du dich nicht wundern, du faules Stück.« Wie traurig ist das denn! Statt zum Klassenlehrer oder bis zum Direktor zu gehen (oder bis nach Karlsruhe) und mal nachzufragen, was sich der betreffende Lehrkörper denn dabei gedacht hätte, wird man auch noch von seinen eigenen Eltern negiert. Ich weiß gar nicht, wie ich auf diesem Prä-Rütli-Etablissement bis zum Abitur gekommen bin, ohne in der Gummizelle zu enden. Manchmal habe ich den Eindruck, dass die meisten Kinder damals nur auf der Welt waren, weil ihre Eltern nicht verhütet haben. Wie sonst lassen sich die mangelnde Fürsorge und das Desinteresse dem eigenen Wunderkind gegenüber erklären?

Wunderkind? Natürlich! Das ist doch das Tolle an unserer jetzigen Elterngeneration. Wir wissen aus bitterer Erfahrung, dass es notwendig ist, diese kleinen Schätze mindestens einmal in der Woche zum Tennis zu schicken. Oder Ballett, Fußball oder eine fernöstliche Kampfsportart. Was die Kampfsportart angeht, machen Sie sich da mal bitte schlau, das lohnt sich und ist total wichtig. Da gibt es ganz tolle Sachen, von denen Sie noch nie im Leben was gehört haben, ohne die aber irgendein hutzeliger Hop-Singh-Mönch nie die spirituelle Treppe der Weisheit erreicht hätte. Ich empfehle nach zweiwöchiger Recherche im Internet »Hoi Jeon Moo Sool«. Das klingt interessant, ist aber wahrscheinlich auch nicht mehr als irgendein launiges Bruce-Lee-Getrete gegen Dachziegel.

Natürlich ist Sport wahnsinnig wichtig, aber achten Sie darauf, dass die Kinder auch ein Mal in der Woche musisch gefördert werden. Wie soll denn der kleine Schatz sonst der nächste Superstar werden oder in der Jubiläumsfolge von GZSZ glänzen? Da die Chinesen in zwanzig Jahren sowieso die Weltherrschaft übernommen haben werden – das sagen die ja auch in der Tagesschau, es gibt einfach so viele –, sollte einmal in der Woche auch ein VHS-Kurs »First steps Mandarin« besucht werden. Damit die Kinder an den anderen zwei freien Tagen in der Woche nicht dumm zu Hause rumsitzen, rät der Fachverband Freibildende Künstler zu einem Aufbauseminar »Kinder gestalten Kunst« beim neoexpressionistischen, weißrussischen Exilkünstler Professor Wladimir Iljarogoff.

Merken Sie was? Wenn Sie jetzt entrüstet denken: »Die sollte sich doch was schämen, die Feller! So wenig kümmert die sich um ihre Kinder? Wo bleibt die Atomphysik-AG?« Tja, wenn Sie das wirklich ernst meinen, dann können Sie hier aufhören zu lesen, bevor Sie sich am Ende noch beleidigt oder gar zu Unrecht diffamiert fühlen. Wenn Sie aber wie ich es nicht mehr ertragen können, wie die Kinder zugeballert werden mit Terminen und Aktivitäten von ihren übermotivierten Eiskunstlaufmuttis, dann folgen Sie mir einfach ins kleine Wutzimmer. Während ich hier sozusagen meine überbordenden Gefühle in die Tastatur hämmere, lasse ich das gerade Erlebte noch einmal Revue passieren. Ich komme nämlich gerade vom Kindergeburtstag.

Was soll ich sagen, das hatte ich mir anders vorgestellt. Ich hatte gedacht: »Super, da lade ich meinen kleinen Prinzen einfach ab und gehe in der Zwischenzeit schön mal drei Stunden shoppen. Also bummeln, H & M auf links ziehen, Cappuccino schlürfen und dabei ein bisschen mit Britta telefonieren, ob ich das Kleid vor mir im Schaufenster kaufen soll oder nicht ... jedenfalls einfach mal die Zeit ohne die kleine Nervensäge für mich genießen.«

Den ganz Kleinen hatte ich nämlich schon vorsorglich bei Oma geparkt. Ich wollte ja schließlich Zeit für mich haben. Das sollte eigentlich ein Mal die Woche drin sein, und wir wissen alle, wie schwer das zu verwirklichen ist.

Ich stehe da also an der Tür und sage zu Katja: »Du, wann soll ich ihn denn wieder abholen?« – »Wieso abholen? Ja, also die anderen Mütter bleiben alle hier. Tja, musst du selber wissen, was dir wichtiger ist.« Ich würde Ihnen jetzt gerne einen furchtbar lustigen Spruch schreiben, wie zum Beispiel: »Ich dachte, mir platzen vor Wut die Besenreißer in den Mauken« oder »Da zerbröselt es mir doch glatt den weißen Nagelrand von den French Nails!«

Aber ehrlich gesagt stand ich nur mit offenem Mund vor Katja und nickte apathisch. Selbstverständlich bin ich dann dort geblieben. Ich konnte den Gedanken nicht ertragen, den anderen für die nächsten drei Stunden als selbstsüchtige und egoistische Mutter den Gesprächsstoff zu liefern. Das waren die schlimmsten drei Stunden in meinem Leben. Selbst die Überfahrt auf der völlig überfüllten und sogenannten »Fähre« von Ko Samui nach Ko Pha-ngan mit einem schweren Brechdurchfall aufgrund einer Fischvergiftung und 40 Grad Fieber, bei 42 Grad Außentemperatur und mit 100% Luftfeuchtigkeit, hatte einen höheren Spaßfaktor als diese heuchlerische Burberry-Mutter-Truppe. Alles nur Wunderkinder von Wundermüttern.

Die nun folgenden Sätze sind wahllos irgendeiner dieser sechs Super-von-der-Leyens zuzuordnen: »Der Malte will einfach alles wissen, der ist so lernbegierig! Der konnte ja schon scrabbeln, als der noch gar nicht richtig lesen konnte. Frag mich nicht, wie der das gemacht hat! Wenn unser Au-Pair sich nicht so viel Zeit nehmen würde, um mit ihm englisch zu machen, dann könnte der das wahrscheinlich noch nicht so gut. Aber so hat die Linda, die bei uns den Englischkurs in der Kita macht, letztens schon zu mir gesagt, dass der Malte im Prinzip die Anforderungen des Lehrplans Englisch 7. Klasse erfüllt. Und ich bin ja eigentlich gar nicht so sehr dahinter her. Der will das selber!« Schon fällt ihr Ulla Nr. 2 ins Wort. »Ist ja irre. Ist fast ähnlich bei uns. Nur, dass das bei uns schon viel eher losging. Die Nina kennen wir praktisch nur sprechend. Aber mach dir keine Sorgen, Jungs sind halt einfach Spätentwickler. Frau Dr. Schulte-Mörselkötter von der Hochbegabtenförderung hat uns praktisch in einem Einzelgespräch zu verstehen gegeben, dass wir intensiv darüber nachdenken sollten, dass Nina die Grundschule einfach besser überspringt. Gesagt hat sie es natürlich nicht direkt, das dürfen die ja auch so gar nicht ohne die ganzen Tests. Aber man hört ja als sorgende Mutter auch die Zwischentöne. Und die Nina hat ja auch alles gewusst, was die gefragt wurde.«

Ich hätte am liebsten das Doppelte von meinem Körpergewicht in den Garten gekotzt. Zufällig kennt meine Mutter nämlich Frau Dr. Schulte-Mörselkötter und hat mir von dem Gespräch mit diesen übermotivierten, schrecklichen Eltern erzählt. Natürlich unter dem Siegel der Verschwiegenheit. Jedenfalls war das einzige Hochbegabte, was Nina geantwortet hat: »Nina.« Die dazugehörige Frage lautete:

»Wie heißt du?« Danach hat die völlig normale Nina mit dem Smartphone ihrer Mutter die »Talking Tom«-App gespielt, um dem furchtbaren Gesabbelmonolog ihrer Mutter zu entgehen. Ich stelle mir das sehr amüsant vor, wie »Talking Tom« die Logorrhö von Ninas Mutter in Heliumsprache stumpf wiederholt hat.

Um auf die Geburtstagsrunde zurückzukommen: Nach Wunder-Nina gab es kein Halten mehr. Malte hat, Torben will, Jesse wird ... schon mit vier Monaten, als er gerade anderthalb war ... der Einzige in der Kita, Abitur schon mit 15, und die NASA hat auch schon Interesse bekundet. Kein Wort darüber, ob diese Mütter auch ein Eigenleben haben und wie es mit dem Gatten so läuft, kein Wort darüber, dass Muttersein neben wunderschön auch unfassbar anstrengend und entnervend sein kann.

Am Anfang habe ich noch gedacht, wieso habe ich kein Wunderkind? Und wieso will ich drei Stunden alleine in die Stadt gehen? Was stimmt nicht mit mir und meinem Kind? Am Ende hatte ich nicht mal mehr Kraft für Mitleid. Die überbieten sich mit Dämlichkeiten, während ihre Wunderkinder sich altersgerecht mit Negerküssen das Gesicht einschmieren. Das haben wir schließlich früher auch auf unseren Kindergeburtstagen gemacht. Mein Gott, was waren meine Geburtstage immer schön! Meine Mutter hat mich morgens geweckt mit einem Kakao und dann sind wir singend zum Geschenketischchen gegangen. Und ich habe immer das bekommen, was ich mir gewünscht habe. So fühlt es sich jedenfalls im Nachhinein an.

Und während ich so darüber nachdenke, überkommt mich der unbändige Wunsch, meine Mutter sofort anzurufen und ihr zu sagen, dass es schön war, ihr Kind zu sein, und mich für meine schreckliche Kindheit zu bedanken. Auch, wenn ich immer Fahrradfahren musste. Aber dieses Trauma kann ich ja noch mit meinem Therapeuten klären.

»Das bisschen Fieber, das schwitzt man doch im Nu wieder aus!«

Das Selbstbild erkälteter Männer und ihr großes, völlig berechtigtes Leiden.

Ich bin so dankbar, dass ich meinen Mann habe! Dieser Bursche ist so großartig, ein echter Kerl! Ein wahrer Teufelsbraten! Immer Herr der Lage, souverän und weltmännisch. Probleme gibt es nicht. Es gibt nur Lösungen, egal ob bei großen oder kleinen Problemen. Ein Bollwerk, eine fleischgewordene chinesische Mauer! Und relaxt ist er! Den bringt nichts aus der Ruhe. Während ich bereits aufgescheucht wie ein Huhn durch die Gegend renne, ist er so cool wie der weiße Hai beim Öffnen einer Thunfischdose.

Wenn die Kinder krank sind, reagiere ich leider sehr oft ein bisschen über. Kein Wunder, das sind eben meine größten Schätze! Meine Süßen, meine Augäpfelchen, das Wichtigste in meinem Leben. Welche Mutter kann da wohl ruhig bleiben, wenn kostbares Blut fließt oder das Fieber so hoch ist, dass man im gesamten Haus die Heizung abdrehen kann. Als junge Mutter hat man ja auch noch wenig Erfahrung, da weiß doch niemand auf jede Notlage sofort die perfekte Antwort. Das sind die Augenblicke, wo mein starker, großer und kluger Mann das Kommando auf der

Brücke übernimmt: Käpt'n Cool meldet sich zum Dienst, und alles wird gut. Beispiele gefällig? Unser Kleiner läuft vor die Schaukel und knallt mit einer Beule so groß wie das Matterhorn brüllend auf den Rasen – und schon buche ich im Kopf den Kernspintomographen eine Woche durch. Mein Mann hingegen gibt ihm gelassen ein Calippo Cola und sagt »Hier, das kühlt«. Oder bei der Impfung. Ich heule mehr als mein kleiner Prinz, mein Mann kneift den Kleinen stumpf in den anderen Arm und sagt triumphierend: »Ablenkungsschmerz!« Überflüssig, zu sagen, dass auch das funktioniert. Noch eins? Der Kleine hat 40 Fieber, und ich würde am liebsten sofort ein Riesen-Zäpfchen geben, weil mir dieser glühende kleine Körper so leidtut. Aber mein Held und Retter weiß Rat: »Nein, kein Zäpfchen. Leg ihm einen kühlen Waschlappen auf die Stirn, und mach Wadenwickel. Das ist eine natürliche Abwehrreaktion des Körpers. Du, der muss jetzt ausfiebern. Lisa, bleib ganz ruhig. Dass ihr Frauen immer so einen Aufriss um so ein bisschen Fieber machen müsst. Glaubst du, die Landung der alliierten Truppen in der Normandie wäre abgesagt worden, nur weil einer ein bisschen Fieber hatte? Kannst du dir vorstellen, dass General Eisenhower morgens aufgestanden ist und jämmerlich zu seinen Soldaten gesagt hat: ›Ich habe einseitige Schluckbeschwerden, ich lasse mal lieber den Panzer in der Garage und befreie Nazi-Deutschland nächstes Jahr‹? Oder hat Sir Edmund Hillary etwa auf dem Gipfel des Mount Everest zu seinem Sherpa gesagt: ›Hömma, Tensing, gehst du noch mal runter und holst das *Wick Erste Abwehr*-Nasenspray? Hier zieht es ja wie Hechtsuppe! Ich merke schon, wie sich mir das Klima hier oben auf die Bronchien legt!‹? Nein! Also, lass mich mal machen, Schatzi, alles wird gut!«

Wenn mein Held allerdings selber krank ist, sieht die Sache ganz anders aus. Es ist faszinierend zu beobachten, wie locker Männer sind, wenn es um die Schmerzen anderer geht, und wie wenig strapazierfähig sie sind, wenn es um die eigenen Malaisen geht. Will sagen: Männer sind verdammte Memmen! Das ist so gesehen nichts Neues, schon klar. Der liebe Gott lässt uns die Kinder gebären, das sagt doch schon alles.

Aber auch zahlreiche Geschichten, Märchen und Sagen bestätigen die These vom jammernden Weichei Mann. Nehmen wir zum Beispiel unseren glorreichen Siegfried aus der Nibelungensage. Was für ein Held! Keine Jungfrau, die er nicht befreit, kein Drache, den er nicht getötet, und keine Schlacht, die er nicht siegreich erkämpft hat. Ein Baum von einem Kerl, ein Traum von einem Mann! Unbesiegbar, wenn ... ja, wenn er nicht dieses elendige Ahornblatt auf der Schulter gehabt hätte und sich – laut eigener Aussage – beim Baden in der Drachensuppe »irgendwas eingefangen« hätte. »Da muss was drin gewesen sein. Ich merk's doch schon in den Nasennebenhöhlen.« Fragt mal die Kriemhild, was die für einen Stress hatte mit ihrem Siegfried, wenn seine Nase wieder anfing zu laufen. Das ist wie bei uns zu Hause. Wenn ich meinen Mann frage, ob er erkältet ist, dann tut er das mit einer verächtlichen Handbewegung ab. Gleichzeitig murmelt er dabei »Is nix«, geht aber direkt mit einem gebeugten Gang ins Bett, als hätte er einen doppelten Beckenbruch oder eine künstliche Hüfte aus Lübecker Marzipan. Sein Blick vermittelt die Botschaft, dass jeder andere an dieser Krankheit bereits elendig verreckt wäre. Aber was macht mein gebeutelter Recke? Er läuft sogar noch und kann sprechen, dieser Wahnsinnstyp.

Ich weiß, was Sie jetzt denken: Eine Frau würde ohne großen Aufhebens einfach ins Bett gehen, eine Runde schlafen – und fertig. Wenn dafür überhaupt Zeit ist. Wahrscheinlich nicht. Bei meinem Mann ist das so: Wenn der mal erkältet ist, dann liegt er alleine im Dunkeln mit sich und diesen höllischen Schmerzen. Und wie der dann stöhnt! Und ächzt! Wenn du es nicht besser wüsstest, würdest du glauben, der hat einen doppelten Lungendurchschuss. Der macht Geräusche, dass du nicht weißt – guckt der jetzt »Saving Private Ryan«, oder hustet er?

Leider bleibt er nicht auf Dauer in seinem dunklen Kabuff. Da kriegt ja niemand sein Leid so richtig mit. Irgendwann wandert der englische Patient mit schmerzverzerrtem Gesicht also auf die Couch. In den Mittelpunkt unseres kleinen Familienheims. Die heimtückische Erkältung hat meinen Frontkämpfer und Husaren inzwischen in Colonel Hathis Morgenpatrouille aus dem Dschungelbuch verwandelt. Hustend und prustend stampft er durch die Bude. Ganz wichtig dabei: Bloß kein Taschentuch nehmen! Nein, lieber dabei noch den Kopf wie so ein eifriger und emsiger Wackeldackel hin- und herschmeißen, damit auch selbst die Blumen denken: »Na ja, wenn wir schon nicht gegossen werden.«

Nun könnten wir Mädels das ja irgendwie ganz niedlich finden. Süß. Rührend. Und aufgehen in der Pflege. Aber man hat als berufstätige Mutter von zwei Kindern leider nicht genug Zeit für solche Lappalien. Das darf man ihn aber um Himmels willen nicht fühlen lassen. Wir alle wissen: Mit angeschossenen Grizzly-Bären und erkälteten Männern ist nicht zu spaßen. Das Wichtigste: Sprich einen Mann mit Erkältung nie an. Niemals! Und vor allen Dingen nicht auf die Erkältung.

Und falls Sie doch mit ihm sprechen müssen, heißt es: Um Gottes willen, keinen Fehler machen! Jede Form von Ironie oder ein Hauch von zu viel Mitleid in der Stimme sind unangebracht. Die Lebensdrohlichkeit dieser hinterhältigen Erkrankung darf nicht unterschätzt oder durch unangemessenes Handeln in Frage gestellt werden. Das letzte

Mal, als mein Süßer eine Erkältung hatte, hab ich nämlich genau diesen Fehler gemacht: »Schatz, ich bin mal kurz weg, kannst du die Spülmaschine gleich ausstellen, wenn die durchgelaufen ist?« Oooh, da hatte ich aber in ein hoch infektiöses Wespennest gestochen. Mit dem Rest-Odem, der ihm noch blieb, jammerte er mir entgegen: »Lisa, das glaube ich jetzt gerade nicht! Die Spülmaschine ausstellen! Dir ist schon klar, dass ich ernsthaft krank bin?« Uuuuh, Vorsicht, Falle! Mir war sofort klar: Jetzt bloß nicht sagen, was du denkst, sondern an John Lennon denken: All you need is love. Liebe ist die beste Medizin. Erstmal einen dicken Schmatzer auf die Stirn, die Brust gesalbt mit Wick Vaporub und eine warme Milch mit Honig.

So weit die Theorie. In der Praxis war meine Schnute leider schneller als mein Hirn, und natürlich konnte ich meine Klappe wieder nicht halten: »Aber Bärchen, die 1 Meter 20 zur Spülmaschine, die schafft mein kleiner Rocky Balboa doch noch, hmm?« Ach, hätte ich damals das Buch nur schon geschrieben, dann hätte ich mir meinen eigenen Ratschlag noch mal durchlesen und beherzigen können. Nämlich: Sprich einen Mann mit Erkältung nie an. Niemals! Seine gekrächzte Anklage folgte prompt. »Du herzloser Tyrann! Ich glühe mich hier durch die Matratze, bin nur einen Wimpernschlag von der letzten Ölung entfernt, und du denkst nur an den Haushalt! Begreifst du es nicht? Ich habe Fieber! Ich bin verdammt noch mal sehr krank! Nimm lieber mal das Thermometer der Kinder, und miss mal, statt mich hier herumzukommandieren!«

Was für ein Lappen, dieser Mann. Aber bei dem Hinweis auf das Thermometer der Kinder kam mir eine fröhliche Idee. Ein bisschen Spaß musste für mich ja auch rausspringen. Ich habe also mit schuldbewusstem Blick das Thermometer geholt und zu meinem müden Krieger gesäuselt (mit Blumen um die Sprechblase): »Ok, du Armer, dann messen wir jetzt mal Fieber. Dreh dich mal um, Spätzchen!« Diesen überraschten Gesichtsausdruck zu sehen und das spontan ausgestoßene »Huch, was MACHST du denn da?«, dafür konnte ich auch wieder einen ganzen Tag dieses gespielte Leiden ertragen. Ganz freundlich wie Schwester Ratched erklärte ich dem Todgeweihten meine rein medizinische Maßnahme: »Ja, Schätzchen, was denkst du denn, was ich da mache? Ich messe Fieber! Und wir wollen doch auch einen richtigen Wert bekommen! Wenn man das Ding unter die Backe klemmt, dann kann man es auch gleich lassen und die Temperatur im Kaffeesatz ablesen.«

Qualvoll drehte sich der geschundene Gladiator um. Als die Spitze des Thermometers wie ein Samuraischwert zwischen seinen beiden zarten Rundungen am unteren Ende des Rückens verschwand, stöhnte er erschöpft ins Kissen. Sekunden später piepte das Folterinstrument, und beim besorgten Blick aufs Thermometer wurde mir das ganze tragische Ausmaß seines Siechtums klar. Mitleidig und bemüht wenig sarkastisch stellte ich fest: »37,8!« – »Oh Gott, 37,8?!« Sein Blick schaute mich panisch an, und in seinen Augen las ich die Botschaft: »Schnell, weck die Kinder, und bring sie noch mal an mein Bett – ich möchte mich von ihnen verabschieden!« Irgendwie reichte es mir so langsam und ich sagte trocken: »Ganz ehrlich, Schatz, 37,8 ist kein Fieber, das läuft eher noch unter BoFrösteln. Jetzt reiß dich mal ein bisschen zusammen.«

Abends lag Monsieur immer noch dahinsiechend auf dem Sofa. Da hab ich mich dann resigniert dazugesetzt, und weil er zu schwach war, die Fernbedienung zu halten, durfte ich die Schaltzentrale übernehmen und habe so ein bisschen durchgezappt. Wie das so ist, erst die Öffentlich-Rechtlichen, ARD, ZDF, die Dritten, dann die Privaten, RTL, Sat.1, Pro7, und irgendwann kam ARTE. Normalerweise nicht unbedingt der Lieblingssender meines Süßen.

Aber ist dem weiblichen Leser auch schon mal aufgefallen, dass bei ARTE häufig so künstlerisch höchst anspruchsvolle französische Filme in grobkörnigem Schwarzweiß laufen, die von der Handlung eher verstörend sind, in denen aber unverhältnismäßig exzessiv gerappelt wird? Da gibt es Nacktszenen, die würden bei RTL2 zensiert werden. Ich meine: Klar, bei den Filmen auf ARTE, da ist das dramaturgisch total wichtig, für die Handlung unabdingbar und echt ästhetisch. Bei RTL2 ist das eben nur Werbung.

Na ja, jedenfalls lief an jenem Abend wieder einer dieser leicht pornösen Arthouse-Ruckelfilme. Ich zappte also zufällig auf ARTE und sehe im Vorbeischalten zwei heftig ineinander verschlungene nackte Körper, die sich durch die Laken rappeln. Ohne Hintergedanken habe ich uninteressiert weitergeschaltet. Weiter ging's mit ZDFinfo, Phoenix ... viel weiter kam ich nicht. Denn auf einmal wedelte Lazarus neben mir auf dem Sofa auch schon topfit mit dem Verbandsmull: »Ey, warte warte warte warte ...hey, Lisa, mach noch mal zurück auf Arte da, was war das denn?« Ich musste innerlich schon grinsen. »Och ja, was war das denn auf Arte? Hmmm?« – »Ja, mach doch einfach schnell mal zurück.«

Also schalte ich brav zurück auf Arte. Mein lieber Mann, da ging's aber ab. Die waren wahrscheinlich nicht verheiratet, was die da veranstaltet haben! Vielleicht kennt ihr den Film sogar. »Intimacy«, wo dieses Pärchen sich immer nur zum »Kuscheln« verabredet? Ein echter Kunstfilm mit Tiefgang (hihi). Auf der Berlinale 2001 hat der sogar den Preis als bester Film abgestaubt. Goldener Bär (prust!!!), ja klar! Wahrscheinlich waren nur kranke Männer in der Jury. Und was soll ich sagen? Mein kranker Hase war plötzlich voll dabei, von Krankheit keine Spur mehr! Ich würde sogar so weit gehen und sagen: Die Krankheit war wie weggeblasen! Und da wurde mir augenblicklich klar, wie ich die medizinische Fachwelt revolutionieren könnte! Und nur hier, so ganz unter uns, gebe ich meinen revolutionären Plan preis: Ich sag's euch, Mädels, einfach hier und da ein paar Hoppelwestern (wie immer man sie nennen möchte) an das kranke Männer-Volk verteilen und wir können uns Tonnen von Antibiotika sparen! Wie sagt mein Schatz doch immer so schön in Krankheitsfällen: »Lass mich mal machen, Schatzi. Alles wird gut.« Wer es glaubt, wird selig.

»Heute kippen wir uns so richtig einen in die Binde!«

Ein Weiberabend und seine Folgen.

Es gibt ein paar Dinge, die man bei der Suche nach einem Mann fürs Leben beachten sollte. Zum Beispiel: Männer mit jeder Art von Piercing sind besonders ehetauglich. Ja, von wegen Frau Feller, wie kommen Sie denn auf das schmale Brett? Ist doch ganz einfach: Sie wissen, was Schmerzen sind, und interessieren sich für Schmuck.

Und meine weise Mutter hat mir auch bei jeder noch so unbedeutenden Liaison ihren Lieblingsspruch gebetsmühlenartig vorgetragen: Am Anfang einer Beziehung sollte eine Frau zwei Dinge beherzigen: Sie sollte ihrem Kerl sagen, dass sie pro Woche einen Weiberabend braucht. Und zweitens sollte sie diesen Abend auf keinen Fall mit Weibern verplempern! Okay, Mama, geschenkt – erzähl das mal in deinem Kegelclub »Die Rumkugeln«.

Wo ich gerade in der Abteilung Kalendersprüche bin: Oft behaupten männliche Komiker auch gerne, dass Frauen keinen Humor haben. Hier eine Kostprobe wahrhaft männlichen Humors: Irgendein amerikanischer General hat sich nicht entblödet zu sagen: »Hätte Gott gewollt, dass Frauen Piloten werden, wäre der Himmel rosa.« Huah, ist das nicht witzig? Ich bitte euch, Mädels, seht euch doch mal zu Hause um: Die meisten Ehemänner sind doch der beste Beweis dafür, dass wir Frauen durchaus Humor haben. Mit solch plumpen Generals-Witzchen ist also niemandem geholfen. Ich kann auch mit depressiv-resignierten Ehefrau-Sprüchen wie »Mir ist es völlig egal, was mein Mann ohne mich macht – Hauptsache, er amüsiert sich nicht dabei« nichts anfangen. Ich bin dann doch eher Pragmatiker und glaube, eine Beziehung hat zumindest schon mal eine gute Basis, wenn beide Partner denken: Was ich habe, ist besser als das, was ich vermisse.

Apropos vermissen: Das Interessante ist ja, wenn man erst mal Mutter von zwei Kindern ist, dass man sich die Zeit ohne seine kleinen Männer und das große Kind nur noch vage vorstellen kann. Es kommt mir so vor, als müsste ich tonnenweise Freizeit zur Verfügung gehabt haben! Aber ich kann mich dumpf daran erinnern, dass ich als Single meinem Süßen in der Balzzeit schon mal den einen oder anderen Kinoabend abgesagt habe, weil es mir zu »stressig« wurde. Hahaha! Unglaublich! Das erscheint mir heute als berufstätige Mutter so verrückt, als ob Lothar Matthäus sich in Iris Berben verknallt und ihr zuliebe auf die Abendschule geht, um sein Abi nachzuholen.

Also habe ich neulich meine alte Freundin Dörte in der Hoffnung auf eine erklärende, bestätigende und befriedigende Antwort völlig überraschend gefragt: Kannst du dir eine Welt ohne Männer vorstellen? Und sie antwortete: »Ja! Sie bestände aus lauter dicken, glücklichen Frauen.« Okay, ich hätte Dörte vielleicht besser doch nicht gefragt. Ihre Beziehung zu ihrem Freund Jörg war seit Jahren so stabil wie das Kölner Stadtarchiv, und ein Dauerfrustrationsfaktor war obendrein ihre Unzufriedenheit mit ihrer Figur. Wenn ich Dörtes Figur charmant beschreiben würde, könnte man sagen, dass sie im positiven Sinne so eine Art »Ritter-Sport-Figur« hat – also: quadratisch, praktisch, gut! Ihr Hausarzt allerdings hat das weniger feinfühlig beurteilt, als sie vor drei Wochen wegen ihrer permanenten Knieschmerzen seine Praxis aufsuchte. So genau kann sie sich an seine Worte angeblich nicht mehr erinnern, allerdings war sie sich hundertprozentig sicher, dass er genau das gesagt hatte: »Kein Wunder, dass Ihnen die Knie wehtun, Sie sind einfach zu dick. Wenn ich einmal um Sie herumlaufen müsste, dann bräuchte ich einen ganzen Tag.« Ich versuchte sie angemessen zu trösten, indem ich sie auf einen richtigen Weiberabend einlud: Nur wir beide, wie in den guten, alten Zeiten, bevor meine drei Männer mich tagtäglich vor den Alltags-Sulky spannten und auf Trab hielten.

Dörte glaubt felsenfest, es gäbe zwei Phasen im Leben, in denen Männer wie Jörg mit Frauen nicht kompatibel sind – vor der Heirat und nach der Heirat. Meinen süffisanten Einwand, dass die beiden dann ja auch endlich heiraten könnten, ignorierte sie etwas beleidigt, also setzte ich nach. Ich sagte ihr, es gäbe auch Männer, die das Thema Freundschaft und Ehe sehr praktisch angehen. Mein Schwipp-Schwager Horst zum Beispiel. Auf die Frage, warum er seine Frau geheiratet hat, sagt er meistens: Mit einer Frau kommt Wärme ins Haus. Der weibliche Körper hat eine Durchschnittstemperatur von knapp 37 Grad Celsius. Das spart Heizkosten. Überflüssig zu sagen, dass Horsts Heizung irgendwann jemanden gesucht hat, der ihren Thermostat richtig aufgedreht hat.

Das alles ging mir noch mal durch den Kopf, als ich Dörte ein paar Tage später zum Weiberabend-Revival abholte. Ich hatte sehr gute Laune und wollte meinen Marktwert – rein theoretisch natürlich – von ein paar gutaussehenden, nicht allzu klugen Jungs zwischen Anfang 20 und Ende 40 taxieren lassen. Also haben wir uns ein Taxi bestellt und sind gleich rüber ins »Sugardaddy«. Getreu unserem alten Motto aus der Studienzeit »Mens sana in

Campari Soda« haben wir uns nicht lange mit unnützem Warmtrinken aufgehalten. Die Wirkung sollte schnell und zufriedenstellend eintreten.

Nach einer Stunde mit Dörte allein auf dem Barhocker fiel mir dann auch wieder ein, warum man auf keinen Fall mit einer Freundin auf Beutezug gehen sollte, die nicht tanzen will. Wir wurden überhaupt nicht angesprochen. Irgendwann um 23.30 Uhr kam dann endlich der offensichtlich letzte, tapfere Drachentöter von Münster auf uns zu, nahm all seinen Mut zusammen und steuerte zielstrebig in unsere Richtung. Ich hatte den Typ schon vor einer Weile hinten auf der Tanzfläche beobachtet. Im nebeligen Halbdunkel sah er von Weitem ganz passabel aus, aber als sich Licht und Schärfe meiner müden Augen (normalerweise bin ich um diese Zeit schon im Reich der Träume, und zwar nüchtern!) feinjustierten, wurde mir schockartig klar, dass die Dunkelheit sein größter Trumpf gewesen war. Rolf Eden jr. stand vor uns, denn der Herr war eher zwischen Anfang 50 und Ende 60, das mürbe Resthaar in geligen Bahnen über den gepuderten Totenschädel gekleistert, krächzte er uns an: »Darf ich den Damen einen Drink spendieren?« Ich wollte gerade mein feinstes Lächeln aufsetzen und »Ja, gerne« flöten, da blaffte Dörte schon stark befeuert von vier Campari-O los: »Sieh an, Hui Buh persönlich! Wo hast du denn deine rostige Rasselkette? Wissen die im Heim, dass du hier bist? Nimmst du uns gleich mit nach Hause, oder passen wir nicht alle auf deinen Treppenlifter?«

Ich wäre vor Fremdschämen am liebsten unsichtbar geworden. Um Anstand und einen Rest Würde zu bewahren, sprang ich von meinem Hocker, rief laut »Taxi ist da!«, riss Dörte mit und zog die laut keifende und strunkeldicke Ätzkanone unter Aufbietung all meiner nüchternen Restkräfte die Treppe zum Ausgang hoch. Währenddessen keifte sie unablässig weiter, aber vor lauter Keuchen und Anstrengung drangen Gott sei Dank nur einzelne Wortfetzen wie »Wasserleiche«, »Tatort Münster« und »Unverschämtheit« an mein Ohr.

Als wir endlich zu Fuß (typisch, wenn man mal ein Taxi braucht!) wieder bei Dörte gelandet waren, war selbige wenigstens wieder halbwegs nüchtern. Verzweifelt jammerte sie über ihren männerlosen Zustand und warum sie nicht so sexy aussehen könnte wie Victoria Beckham. Ich versuchte sie zu trösten und erzählte ihr meinen Lieblings-Victoria-Beckham-Witz: »Was ist Victoria Beckham mit einem Würfel in der Hand? Ein Brettspiel! Hihi! Im Ernst – ich weiß nicht, was der David an der so gut findet! Mit ihrem Size-Zero-Getue sieht die doch aus wie eine Trillstange auf Pumps. Und hast du mal das Parfum von der gerochen? Das stinkt wie ein voller Windeleimer in der Sauna! Mit der Probe von Douglas hat mein Schatz den Marder von unserem Auto vertrieben!« Wenigstens konnte Dörte jetzt schon wieder lachen. Das weckte natürlich die Komikerin in mir, und ich legte ordentlich nach: »Der David geht doch nur fremd, weil er ab und zu eine Frau wie dich braucht. Eine, die einfach mal lacht, die normal redet und nicht jeden Tag Zalando aufkauft! Was meinst du, wie der David sich freuen würde, wenn er beim Training mal statt der Apfelspalten ein ordentliches Butterbrot mit Leberwurst in der Tupperdose hätte!«

Dörtes Laune wurde immer besser. Aber etwas irritiert war ich schon, als sie mir nach der ganzen Beckham-Arie standhaft erklären wollte, dass der vollgemalte Fußballheini David sowieso nicht das Ziel ihrer weiblichen Gelüste wäre. Mittlerweile völlig müde und erschöpft von meiner Privataufführung, fragte ich dann halb interessiert, aber aufopferungsvoll, wen Dörte denn dann so richtig süß finden würde? Dörte druckste ein bisschen rum. Für meinen Geschmack ein bisschen zu lange. Dann bekamen ihre Augen einen schwiemeligen Glanz, und mit entrückter Stimme hörte ich sie flüstern: »Philipp Rösler!« Ab da kann ich mich an nichts mehr erinnern, ich muss vor Schock ohnmächtig geworden sein. Deshalb weiß ich auch nicht mehr, wie ich nach Hause gekommen bin. Irgendwie muss ich wie Lassie in der bitteren Stunde der Verzweiflung auf Autopilot geschaltet haben. Philipp Rösler! Ich habe Dörte seit diesem Abend nicht mehr gesehen und weiß auch nicht, was aus ihr und Jörg geworden ist. Ich weiß nur, dass ich am nächsten Morgen meine Mutter angerufen habe und ihr gesagt habe: »Du hast völlig recht, Mama! Man sollte seinen Weiberabend auf keinen Fall mit Weibern verplempern. Wenn ich das nächste Mal Weiberabend habe, dann ... dann ... dann rufe ich lieber David Beckham an.«

»Sesamstraße oder Star Wars?«

Was man beim kindlichen Medienkonsum alles falsch machen kann.

Ist das nicht schön! Da sitzt der kleine Mausebär auf dem Sofa, die Beine mit den Hüttenschuhen kommen kaum über die Sitzfläche hinaus, der abgeschnuddelte Flokati-Teddy mit dem halb hängenden Ohr (um Himmels willen, nicht reparieren!) sitzt sorgfältig drapiert daneben, und die beiden dicken Freunde hören eine Hörspielkassette. Und das mit der meditativen Ernsthaftigkeit eines Shaolin-Mönchs beim Müsliessen aus seiner Lieblingsklangschale. Die Augen leuchten, die Geräusche werden mitgemacht, und die Lieblingstextpassage wird – zumindest lautmalerisch – mitgesprochen.

So weit, so süß. Die Sache hat nur einen Haken. Es handelt sich bei der Hörspielkassette ausgerechnet um ein erbärmliches Derivat aus dieser leider wahnsinnig beliebten »Conni«-Serie. Ich lasse mir von niemandem diese zugegebenermaßen ungerechte, aber zugleich tiefe, herzliche Abneigung gegen die »Conni«-Cassetten ausreden. Allein schon, wenn es losgeht. Dieses schreckliche »Conni«-Lied. Dann dieser Erzähler. Dessen unmotivierter und stümperhafter Vortrag an die Spritzigkeit einer Straßenbahn auf Valium erinnert. Man hat grundsätzlich bei allen Mitwirkenden das Gefühl, dass sie für alles geeignet sind, nur nicht für Sprechrollen in Hörspielen. Zum Beispiel Hanne, die Erzieherin dürfte meiner Meinung nach nicht mal »Unsere Hausmacherleberwurst heute 100 Gramm für nur Einsneunundsiebzig« bei Radio Edeka durchsagen.

Und es ist mir auch völlig egal, wenn jetzt diverse Mütter entrüstet aufschreien: »Wiesooo? Unsere Anna-Lena liiiebt Conni!« Bitte. Ich nicht. Muss jeder selber wissen. Es gab ja auch genügend Leute, die Modern Talking gekauft haben. »Conni« ist mein persönliches Kryptonit. »Capt'n Sharky«, »Bibi & Tina«, »Bobo Siebenschläfer« – sogar der Lukas Podolski unter den Elefanten, »Benjamin Blümchen«, findet mein Wohlwollen. Aber ich sag es noch mal, nur zur Sicherheit, »Conni« nicht.

Das Schlimme ist nur, dass mein Sohn diese Einstellung nicht teilt. Was mich natürlich in eine tiefe Sinnkrise stürzt. Bin ich wirklich seine Mutter? Will der Rotzbengel als Nächstes eine rote Schleife ins Haar? Kündigt sich so irgendwann sein Schwulsein an? Was ich nicht schlimm fände, aber dafür gibt es doch Ernie und Bert. Das muss doch nicht mit Conni eingetütet werden.

Das Schlimme ist: Es gibt mindestens 50 Conni-Kassetten! »Conni beim Zahnarzt«, »Conni lernt Schwimmen«, »Conni im Kindergarten«, »Conni geht reiten«. Und so weiter und so fort. Die lassen wirklich nichts aus. Es würde mich nicht wundern, wenn es eines Tages heißt: »Conni raucht Haschisch«, »Conni masturbiert – Doppelfolge« und »Conni ist schwanger«. Alles brandheiße Sozialthemen, die die lieben Teenager sonst nur aus den Nachmittags-Talkshows der Privatsender kennen. Ich bin mir sicher, dass die CIA in Guantanamo »Conni«-Kassetten 24 Stunden am Tag laufen lässt. Ist wahrscheinlich noch effektiver als Waterboarding. Aber vielleicht steigere ich mich da auch ein bisschen rein. Und wahrscheinlich ist es sogar meiner

Mutter mit der Dauerrotation von »Looking for freedom« von David Hasselhoff aus meinem Kinderzimmer haargenauso ergangen. Grausame Vorstellung. Entschuldigung, Mama! Vielleicht sollte ich mich Conni noch mal mit diesem Bewusstsein nähern. Und Frieden mit ihr schließen.

Apropos Frieden: Den kann man sich am Sonntagmorgen sehr gut mit dem bösen Fernsehen ergaunern. Aber Vorsicht! Niemals in der Kita oder beim Kinderarzt erzählen, was die Kinder tatsächlich sehen dürfen. Da hab ich schon die dollsten Dinger erlebt. Neulich fragte mich ausgerechnet die Mutter von Finn, was denn mein kleiner Schatz schon so gucken dürfte. Sofort wurde ich unsicher und fing an zu stammeln. »Och, äh, eigentlich alles.« In dem Moment sehe ich, wie sie ihre schlecht gezupften Augenbrauen missbilligend hochzieht, und ergänze schnell: »Ähm, also alles natürlich nicht. Vielleicht mal die Sesamstraße. Also ab und zu.« Diese Lüge erschien mir angemessen angesichts der drohenden Unterhaltung über wertige Kinderserien im Fernsehen. Keine Frage, mit der Sesamstraße im Rücken fühlte ich mich sicher. Und darum war ich völlig fassungslos, als der Shitstorm über mich hereinbrach. »Waaaas? Diesen Mist darf der gucken? Seit wann kann ein Bär in Turnschuhen laufen und sprechen? Dieses abartige Krümelmonster, was andauernd irgendeinen überfällt und nicht nur Kekse, sondern auch Styropor und Pappe frisst! Sorry, aber ich hab sogar echt mal gehört, dass ein Kind das nachgemacht hat, und das wäre beinah erstickt! Und dass die Kinder den ganzen Müll zerfleddern, um Oskar nachzumachen – also dafür brauche ich den vorher nicht zu sortieren!« Blanke Wut kochte in mir hoch. »Ja klar«, sagte ich, »das sehe ich genauso. Ich bin richtig happy, dass Finn schon was anderes gucken darf. Deswegen hat er ja auch neulich mit seinem Scheiß-Darth-Vader-Laserschwert der kleinen Svenja aus der Häschengruppe fast das

Auge ausgestochen. Gut, dass das Schwert nicht aus Styropor war.« Das war zwar maßlos übertrieben – ich hatte nämlich genau gesehen, dass die Erzieherin das Ding schon beim Jackeausziehen im Vorraum einkassiert hatte. Aber das hat seine Mutter ja nicht mitgekriegt, weil Madame ja schon wieder rauchend vor dem Auto stand und mit den anderen Fernsehexperten gequatscht hat. Treffer, versenkt. 3, 2, 1, meins. Oder wie Finns Mutter sagen würde: 6, 5, 4, mir. Gesenkten Hauptes verließ die Mutti von Darth Vader den zerstörten Todesstern.

Ehrlich, ich glaube, es hakt. Mein Gott, wir reden über die »Sesamstraße«! Die »Sesamstraße« ist doch nun wirklich über allen Zweifel erhaben. Und selbst Hannibal Lecter würde seine leichten Charakterschwächen und seinen etwas sonderbaren Ernährungsplan ganz bestimmt nicht auf den Konsum dieses Kinderklassikers zurückführen. Gerade als ich mein kleines Krümelmonster einsammeln wollte, sprach mich eine andere Mutter aus der Dinogruppe an. »Huhu, ich hab euer Gespräch gerade mitbekommen. Ich finde das ja auch alles total schwierig. Gibt es denn nicht mal was Harmloses, was die Kinder einfach so hören können? So ohne Mord und Totschlag, so irgendwie real, aus dem richtigen Leben, so ohne Puppen, ohne Waffen, einfach so normale Geschichten?« Gute Frage. Endlich spricht mal eine das aus, was viele Mütter gerne wollen. Dass die Kinder nicht schon so früh jeden Mist hören und sehen. Und ich konnte kaum glauben, was ich mich selber sagen hörte: »Babsi, kennst du eigentlich diese ›Conni‹-Serie? Das sind doch diese kleinen Bücher von dem Mädchen mit der roten Schleife im Haar. Das findet deine Kleine bestimmt total gut. Das findet sogar mein Sohn gut. Davon gibt es auch so CDs und Kassetten. Das ist ganz nett gemacht. Also jetzt nichts Wildes, keine Hollywood-Produktion, aber irgendwie total süß. Was heißt jetzt total. Ganz niedlich. Ok halt.

Aber die Themen sind toll. Weißt du, die Conni, die geht reiten, die lernt schwimmen, lesen, was Kinder halt so machen. Unserer hatte neulich so Schiss vorm Zahnarzt. Zack, ›Conni‹-CD rein, und das ganze Thema war vom Tisch.« Und Babsi war begeistert. »Ach krass, wieso kenn ich das nicht? Klingt ja echt super. Kannst du mir mal eine leihen?« – »Eine? Quatsch, ich bring dir morgen alle mal mit.« – »Aber dann hast du doch keine mehr?!« – »Eben, Babsi.« Aber das hat sie schon nicht mehr gehört. Ich bin sicher, dass ich sie alle zurückkriege. Schneller, als mir lieb ist. In der Zwischenzeit werde ich meinen kleinen Racker mit dem »Räuber Hotzenplotz« trösten und hoffen, dass er nicht mit 18 eine Großmutter mit einer Pfefferpistole überfällt und ihr die Bratwurst wegfrisst.

»Lassen Sie die Ente zu Wasser!«

Warum muss auf jeder Party irgendjemand einen Loriot-Sketch nacherzählen?

Windeln haben kurze Beine und das Gehirn mit fortschreitendem Alter leider ein kurzes Gedächtnis. Oder Gott sei Dank, kommt ganz auf den Standpunkt an. Wenn ich zum Beispiel an die frühen 90er-Jahre denke … ich weiß nicht, aber auf das Foto, das ich neulich von mir gefunden habe und auf dem ich wie die kleine Schwester von C.C. Catch aussehe, kann ich auch gut die nächsten 17 Jahre ohne großes Bedauern verzichten. Wie soll eine gestandene Mutter von zwei tollen Kindern damit klarkommen, dass sie mit coolen Leggings, wild ondulierter Haarspray-Mähne und Glitzerneon-Haarreifen in der Jugenddisco der St. Georgs-Gemeinde versucht hat, möglichst verführerisch und dabei icecool zu Fancys (Himmel – bitte nicht googeln, das ist nix für schwache Gemüter) »Lady of Ice« getanzt hat? Nur um den süßen und leider auch älteren Peer mit dem karierten Nirvana-Grungehemd für mich zu begeistern? Einfach ein dickes Storno in die Memorykasse tippen! Weil es sowieso eine blöde Idee war, denn der coole Peer rannte bei dieser Kackmusik natürlich gleich nach draußen, weil er uns »Babys nicht beim Gymnastikkurs zugucken wollte«. Ich habe ihn neulich in der Stadt gesehen. Er arbeitet bei der Sparkasse am Schalter A–F und sieht mittlerweile nicht mehr so aus wie Kurt Cobain. Eher wie Rainer Calmund, nur dicker und mit weniger Haaren. Süß! Ja, Glück muss man haben.

Lustig ist an der Erinnerung übrigens auch, dass man rückblickend völlig hanebüchenen Quatsch so phänomenal findet, dass man ihn zum Kult erklärt. Das geht auch kollektiv. Nehmen wir doch mal zum Beispiel den Kult um die ewige Dauer-Silvester-Sendung »Dinner for one«!

Silvester ist meiner Ansicht nach sowieso ein sehr gefährlicher Tag. Nicht nur, dass man sich ab fünf nach 12 ständig um seine drei Männer und ihre Riesentüten voller Knaller Sorgen macht, weil sich garantiert wieder irgendein Dösbaddel in unmittelbarer Nähe beim »Böllern auf der Straße« mit besoffenem Kopf mit einem fetten Chinaböller unglücklich macht (wer erinnert sich nicht an tragische, letzte Worte: »Gib noch mal Feuer, ich glaub' das ist ein Blindgänger!«). Nein, wenn es kein Blödsinn mit Feuerwerk ist, dann kann man alternativ auch auf einer schrecklichen Party landen und ohnmächtig vor Entsetzen feststellen, dass man mit den anwesenden Leuten die nächsten 4 Stunden in ausgelassener Stimmung verbringen muss. Weil man ja nicht vor halb eins gehen kann, ohne Gegenstand für peinliche Gespräche und Spekulationen zu werden! Und dafür hat man dann auch noch seine süßen Spätze bei Oma deponiert, die wahrscheinlich noch früher einschläft als der Kleine mit seinen 19 Monaten und dann nicht mitkriegt, dass die beiden Schätze den »Terminator 2« in voller Länge anschauen. Was wir auch nicht rausbekommen hätten, wenn unser Kleiner nicht dauernd im Kindergarten »Hasta la vista, Baby« gesagt hätte, um dann mit seinem Bobby-Car die mühsam in vierzig Elternstunden zusammengewerkelte Puppenstube gründlich über den Haufen zu fahren.

Besser kann es dann höchstens noch werden, wenn man so früh eingeladen wurde, damit man sich unbedingt noch zusammen mit den Gastgebern »Dinner for one« angucken kann, diesen wahnsinnig kultigen Silvester-Sketch, der jedes Jahr traditionell im Fernsehen läuft. In Schwarz-Weiß. Und zwar auf Englisch. Was aber egal ist. Nicht, weil mittlerweile auch die meisten Bürger dank McDonald's und Apple ein paar Brocken Englisch können – nein, man kann diesen ungemein lustigen Sketch auch dann verstehen, wenn der eigene englische Wortschatz nicht mehr Vokabeln beinhaltet als »I've got the power« von Snap! Es ist wirklich total egal, weil es komplett unwichtig ist, ob man alles versteht oder gar lustig findet. Es geht nämlich bei »Dinner for one« eigentlich ums Brauchtum. Es ist wie mit einem alten Ritual, einer alten Sitte, ja fast schon einem ungeschriebenen Naturgesetz, das nicht hinterfragt werden darf, weil sonst sieben mysteriöse Plagen unser Volk heimsuchen werden! Man könnte fast vermuten, dass selbst in der Bibel von »Dinner for one« – selbstverständlich verschlüsselt – die Rede ist. Ich sage nur Psalm 111,2: »Groß sind die Werke des Herrn, kostbar allen, die sich an ihnen freuen!« Bitte, da haben wir es doch!

Und damit man es überhaupt aushält, trichtert wahrscheinlich jede anständige Eltern-Generation den Kindern ein, dass »Dinner for one« lustig ist. Weil das eben so ist. Und immer schon war. Wenn man es nur oft genug wiederholt, glaubt man es sogar selbst. Es ist doch absolut zum Totlachen, wenn der olle Butler immer wieder über den dusseligen Tigerkopf stolpert und – hahahahaha – dann auf einmal nicht! Da könnt' ich mich wegbrüllen! Und immer trinken muss, weil die anderen nicht da sind! Hihihi! Und dann lallt er, weil er immer besoffener wird, das ist auch soo lustig! Da könnt' ich mich beömmeln! Hammer! Lallen geht immer, das ist always funny – sogar auf Englisch!

Zum Kringeln ist ja auch, wie der alte Opa die steife Oma die Treppe hochschleppen muss – da zerreißt es einen ja fast vor Geiern! Dass der alte Besoffski als Endpointe die 90-jährige Oma nach allen Regeln der Kunst durchrappeln soll, nur weil sie Geburtstag hat, verstehen viele Kinder allerdings überhaupt nicht und sogar manche Erwachsenen Gott sei Dank erst, wenn sie schon groß sind! Und weil es ja nur ein Fernsehsketch ist, muss auch niemand beim nächsten Besuch im Altenheim diskret, aber gut sichtbar eine Packung Kondome in die Nachttischschublade legen. Das muss man trennen können, Fiktion und Wirklichkeit!

Apropos Wirklichkeit: Interessant ist in diesem Zusammenhang übrigens, dass »Dinner for one« in England völlig bedeutungslos ist und dass die dortigen Fernsehanstalten diesen umwerfend lustigen Kult-Sketch noch nicht ein einziges Mal ausgestrahlt haben. Von wegen der berühmte britische Humor! Da möchte ich erst gar nicht wissen, was diese schrulligen Insulaner zu Loriots Wahnsinns-Kult-Sketchen sagen würden!

Denn wer liebt sie nicht, diese wunderbaren kleinen Filme! »Das schiefe Bild«, das »Jodeldiplom«, »Erwin Lottomann« und so weiter.

Das Einzige, was ich übrigens an diesen Filmen nicht liebe, sind die Legionen von untalentierten Scherzkeksen, die einem auf irgendeiner Party völlig schmerzfrei und ohne Not den kompletten Müller-Lüdenscheid-Sketch vorspielen. Ungebeten, natürlich. Unlustig auch. Und überflüssig sowieso, weil man diesen Sketch ja selber schon Millionen Mal im Fernsehen gesehen hat. Millionen Mal lustiger natürlich. Wenn ich übertreiben wollte, könnte ich es so sagen: Man weiß ja selber gar nicht mehr, ob man die Sketche von Loriot überhaupt noch lustig findet, weil wir alle schon zu oft Zeugen dieser peinlichen Amateurvorstellungen waren. Wie letztens wieder, als wir auf einer Nachbarschafts-

Party von netten, alten GEZ-zahlenden Bildungsbürgern zwischen 30 und 50 waren.

Um die umstrittene Loriot-These unerschrocken auf Herz und Nieren zu überprüfen, kann man ja mal Folgendes ausprobieren: Mit einem Gläschen Barolo (von diesem »urigen« kleinen Weingut) nähert man sich zufällig Rudi H. (45 Jahre) aus der Nachbarschaft und kommt ins oberflächliche Plaudern. Rudis Biographie im schnellen Kurzüberblick: Seine Eltern waren beide Lehrer. Rudi hat in den 70ern natürlich lange Haare gehabt, gekifft, Ethno-Politrock-Kabarett (»Geronimos Zeckenbrüder«, einzige LP: »Nukleare Reservate«) gemacht. In den 80ern irgendwas mit Wirtschaft studiert, in den 90ern sich die Haare gewaschen und geschnitten, geheiratet, Kinder bekommen (Rio und Joan), eine mittlerweile solarbeheizte Doppelhaushälfte gekauft und einen silbernen Mercedes E 220 CDI T-Modell BlueEfficiency geleast. Rudi hat einen mittelgroßen, süßen Mischlingshund mit rotem Halstuch, und der Hund hat auf jeden Fall einen völlig unangestrengt originellen Namen wie »Mr. Stringer« (wegen Miss Marples Kumpel aus den Kult-Filmen!). Wenn Rudi privat ist, trägt er am Wochenende gerne noch mal die in perfekter Used-Optik angeschubberte, sauteure Belstaff-Lederjacke, um zu zeigen, dass er immer noch ein lockerer Typ ist und auf die ganzen Spießer pfeift. Rudi kommt natürlich auf die unerträglichen Comedy-Sendungen von RTL und Co. (»alles Dreck!«) zu sprechen und wie niveaulos doch heutzutage diese Comedians sind im Vergleich zu Polt, Pispers oder eben – Bingo! – Loriot.

Stimmt man Rudi zu und schickt noch bekräftigend einen nicht böse gemeinten, aber Rudis These stützenden Vergleich hinterher wie »Mario Barth ist der Wolle Petry der Comedy«, hat man Rudi direkt auf das richtige Pferd gesetzt! Nach kurzem Japsen über den Barth-Petry-Spruch

(»Genial!«) stellt er dann die unvermeidliche, schicksalsschwere Behauptung in den Raum: Loriot ist doch sowieso der Genialste! Und ohne abzuwarten, hat Rudi auf einmal sämtliche Hemmungen mit einem riesigen Schluck Chardonnay runtergespült und beginnt mit seinem Schwager Lothar den l-e-g-e-n-d-ä-r-e-n Müller-Lüdenscheid-Sketch! Hilfe! Während alle sich um Rudi und Lothar versammeln und sich natürlich – wie immer! – wegschreien vor Lachen, überlege ich, wie man diesen unrühmlichen Spuk möglichst schnell und wirkungsvoll beenden kann. Wenn man grundsätzlich einen kollateralen Beziehungs-Nachbarschaftsschaden in Kauf nehmen würde, lässt man einfach mit einem lauten Schrei sein Rotweinglas auf den beigen »Schöner Wohnen«-Teppich fallen und brüllt laut und provokativ in die verdutzte Runde: »Loriot-Sketche – watt'n Scheiß! Schatz – wir gehen!«

Dieses Szenario wird Ihnen mit ein wenig Glück einen neuen Freundeskreis bescheren. Vielleicht sogar grandiosen Sex mit dem leicht alkoholisierten Süßen, der sich diebisch darüber freut, dass endlich mal was gegen diesen fürchterlichen Rudi und seinen dämlichen Loriot-Fimmel unternommen wurde. Wo ich gerade so schön in Fahrt bin: Jetzt werde ich mir erst einmal wieder die fantastischen Original-Loriot-Shows reinziehen, damit ich Rudi schnell vergessen kann. Am besten alle. Denn ganz ehrlich. Ich liebe Loriot. Kult hin, Kult her. Und vorher gucke ich noch »Dinner for one«. Nein, sagen Sie jetzt nichts, Hildegard! Außer vielleicht: Cheerio, Miss Sophie.

»Mach dich mal locker!«

Warum Eltern auf keinen Fall so cool sein sollten wie ihre Kinder.

Ich weiß, viele meiner Leser oder Tourneebesucher haben keine kleinen Kinder mehr und denken sich beim Buchtitel »Windeln habe kurze Beine« sorgenvoll: Was ist, wenn meine Kinder schon keine Windeln mehr brauchen? Oder sogar schon Teenager sind? Darf ich das Buch dann überhaupt noch lesen? Oder bin ich ausgeschlossen? NEIN! Das Buch ist für alle, denn Teenager waren mal kleine Kinder, und wir Eltern schließlich auch! Sogar Erwachsene ohne Kinder waren mal Kinder – auch wenn viele das leider oft vergessen. Deswegen musste ich einfach dieses Kapitel schreiben. Wissen Sie, was für pubertierende Teenies das Allerschlimmste sein kann? Wenn ihre Eltern so richtig »locker« sind (Achtung: Ich sage hier ganz klar *kann*! Wer jetzt schon so locker ist und sich darüber aufregt – unbedingt weiterlesen! Hihi!). Locker, liberal, verständnisvoll. Allzeit diskutierbereit. Einfach gute Kumpels.

Seien wir doch mal realistisch: Als gesetzlich belangbarer und verantwortungsvoller Erziehungsberechtigter kann ich nicht die beste Freundin meiner Tochter sein. Weil ich nicht auf die Frage »Mama, sollen wir mal Ecstasy probieren?« fröhlich antworten kann: »Super Idee, Schatz, das gab es zu meiner Zeit noch nicht an jeder Ecke, das wollte ich schon immer mal antesten!« Das geht natürlich nicht. Genauso wenig geht es, dass Sie, wenn Sie Ihren Teenie beim Kiffen erwischen, ihm den Joint wegnehmen und nach einem tiefen Zug konsterniert feststellen: »Was raucht ihr denn da für einen billigen Mist? Ist das getrocknetes Modelleisenbahngras? So, jetzt hol' ich uns erst mal meinen feinsten Stoff aus dem Humidor! Ein schmatziges, schönes Piece Schwarzen Afghanen, damit ihr mal so richtig gut breit werdet!« Um Himmels willen! NEIN, tun Sie das niemals. Lassen Sie bitte Ihre pubertierenden Hormonprobanden in ihrem Elend alleine im Partykeller feiern!

Ich sage das nicht ohne persönliche Gründe: Es gibt immer noch genug lockere Eltern, die auf der Party ihrer Kinder auftauchen und sich keinerlei Gedanken machen, wie sie das wohl gefunden hätten, wenn ihre Eltern das seinerzeit auf ihren Feten getan hätten. Ich erinnere mich nur mit Grausen an die Geburtstagsparty zum 16. meiner besten Freundin Susanne. Als Susi planmäßig nach diversen Wodka-Orange endlich enthemmt genug war, um sich mit Klassenschönling Steven hinter der Theke des Partykellers wild rumknutschend zurückzuziehen – da tauchten ihre lockeren Eltern auf, um mal »irgendwie total spontan so 'ne Runde mit abzuhotten«! Abzuhotten! Hilfe! Wie peinlich! Wie ihr Vater mit seiner Dreiviertel-Glatze – an der aber selbstverständlich noch schulterlange Haarreste wehten – im fahlen Schwarzlicht verzweifelt versuchte, einen auf Ghettobreakdancer zu machen, brachte die Mädels nur zum Kichern, während die Jungs betreten die Tanzfläche verließen, um lieber draußen im Garten bei minus 15 Grad mit sechs Mann eine Kippe zu rauchen. Was passierte, als Vater Martin (»Ich bin der Martin, ne?«) seine Tochter hinter der Theke fand? Mit Stevens hektischen Händen unter Susis Pulli, während gleichzeitig seine Zunge unaufhörlich wie ein Braunkohlebagger durch ihren Mund schlabberte, um ihre Mandeln mehr robust als zärtlich zu imprägnieren? Sagen wir es mal so: Für Susi war der Abend gelaufen, und sie hat nie wieder eine Party zu Hause gefeiert. Und ein halbes Jahr hinter Steven hergeheult, weil der keinen Bock mehr hatte, mit einem Mädel zu gehen, dessen Vater so affig zu New Kids On The Block tanzt.

Aber wer oder was sind diese lockeren Eltern eigentlich? Was hat sie so locker gemacht? Das sind Eltern, die selber jahrelang Freaks waren, die selber Musik gemacht, revoltiert haben gegen Volkszählung, Atomkraft und selbstverständlich auf zahlreichen Demos gegen das spießbürgerliche und stockkonservative Establishment gekämpft haben. Die sich die Entenschuhe aus dem »Dritte-Welt-Laden« schiefgelatscht haben auf unzähligen Ostermärschen, Lichterketten und Friedensläufen! Die entschieden bei »Rock gegen Rechts« mit Marius »Freiheit« gegrölt haben. Ein Lied übrigens, das ich auch heute noch für komplett sinnbefreit halte. Im Ernst – was will mir der Autor sagen mit einer Textzeile wie »die Kapelle rumtata/und der Papst war auch schon da«? Da ist Scooters »How Much Is The Fish« ja fast schon pure Mystik! Aber Scooter hat bei lockeren Eltern halt dann doch nicht so die Credibility wie Marius. Irgendwo ist ja auch Schluss mit Locker.

Am liebsten schwelgen die heutigen lockeren Eltern sowieso in Erinnerungen an die guten alten lockeren Zeiten. Mit dem Rucksack durch Europa. Mit der Ente (das war damals ein Auto, wenn nicht sogar eins der wichtigsten Kultautos für lockere Szenekutscher!) und diversen Aufklebern auf der Kofferraumklappe wie »Frieden schaffen ohne Waffen«, »Stoppt Strauß« und dem unvermeidbaren »BAP«-Sticker zum Protest gegen die WAA-Wackersdorf oder zur großen Friedensdemo im Bonner Hofgarten!

Und heute? Einmal locker, immer locker! Es wimmelt nur so von lockeren Managern, Lehrern und Volksbank-Fillialleitern, die ihren lockeren Audi-Kombi im lockeren Carport in der wahnsinnig lockeren Reihen-Doppelhaus-Neubausiedlung nach einem irre lockeren Arbeitstag parken. Raus aus dem lockeren Boss-Anzug, rein in die alte Röhrenjeans – die saß aber auch schon mal lockerer ... Solche Eltern sind eine Strafe für Teenies. Weil sie einfach so locker bleiben, wenn ihre Brut die erste Metallica-Platte im Jugendzimmer voll aufdreht. Sie rasten nicht aus, sondern klopfen an und leihen dir mit verklärtem Gesicht ihre StonesBeatlesLedZeppelinDoors-Scheiben aus. Ob du willst oder nicht. Und nach deinem ersten Anarchie-A auf der Schultasche, bei dem man sich natürlich überhaupt nichts gedacht hat außer »Sieht irgendwie cool aus«, zeigen sie dir ihre alte Mao-Bibel. Kein Wunder, dass manche Kinder zu Böhse Onkelz, Springerstiefeln und Faschoparolen greifen. Oder Techno. Irgendwie muss man sich doch von seinen Eltern abgrenzen, das ist wichtig für die Entwicklung zu einem normalen »Taugenichts« (Zitat von meinem Opa!). Ich bitte Sie also ganz höflich und mit dem gebotenen Ernst – auch wenn Sie sich wirklich locker fühlen oder sogar wirklich naturlocker sind –, benehmen Sie sich bitte nicht so! Ersparen Sie das bitte Ihren Kindern. Denken Sie an Ihre Jugend zurück, und verhalten Sie sich gefälligst genauso engstirnig und reaktionär wie Ihre Eltern damals. Nur etwas liebevoller. Ja, liebevoller und etwas liberaler. Nicht ganz so streng, aber eben auch nicht anbiedernd. Es fällt mir schwer, das jetzt richtig zu beschreiben. Wissen Sie was: Seien Sie einfach ein bisschen lockerer!

»Oooh, bitte, Mami, bittebittebiiitte!!!«

Meine Kinder sind auf den Hund gekommen.

Ich hätte es wissen müssen. Und ahnen können. Aber ich wollte einmal nicht auf meinen sicheren Instinkt für Ärger und Probleme mit den Kindern hören. Deswegen habe ich alle profanen Bedenken leichtfertig beiseitegewischt. Wie immer habe ich geglaubt, dass – wenn es eng werden könnte – mir ein bisschen Vernunft und Autorität den Rücken frei halten werden. Ich weiß, dass das naiv klingt und Sie zu Recht anmerken könnten, dass eine Mutter von zwei Kindern es doch nun wirklich besser wissen müsste. Aber ich wollte doch nur zwei glückliche Stunden mit meinem kleinen Prinzen erleben. Ich wollte mich selbstsüchtig ergötzen an ihren strahlenden Gesichtchen mit den süßen Lachgrübchen und dem glucksenden Lachen. Ein Lachen, das nur kleine Kinder so echt und natürlich hinbekommen, weil sie eben noch unschuldig sind. Es ist für eine liebende Mutter das verführerischste Lachen der Welt. Ja, es ist wahr: Der Teufel trägt Pampers und Windeln haben kurze Beine. Also habe ich all die düsteren Ahnungen verdrängt und es getan. Um Gottes willen, jetzt denken Sie vielleicht – Frau Feller hat ihre Kinder mit dem usseligen Clown Geburtstag bei McDonald's feiern lassen! Nein, so tief bin ich noch nicht gesunken. Nein, ich habe bei Saturn für fünf Euro einen Film gekauft. Nicht irgendeinen, natürlich! Sondern »Ein Hund namens Beethoven«, diesen unverwüstlichen Familienspaß-Klassiker, der in seinem Erscheinungsjahr 1992 selbst mich noch im zart-pubertären Alter von 16 Jahren schwer begeistert hat. Weil Beethoven, dieser 80 Kilo schwere, riesengroße und ewig sabbernde Bernhardiner sooooo süß ist! Vor allem als treuherzig dreinblickender und tollpatschiger Welpe! Wer diesen Film sieht und nicht einmal zu Tränen gerührt ist, hat ein Herz aus Stein, das ist meine feste Meinung! Und wer nicht einmal mindestens aus voller Seele gelacht hat und laut »Och, guck mal, wie süüüüüß« gerufen hat, wird mir nicht mehr glaubwürdig versichern können, dass er ein intaktes Gefühlsleben hat.

Und es kam noch besser, als ich es mir in meinen kühnsten Träumen ausgemalt hatte. An einem verschneiten Adventsabend bauten wir mit drei Decken, der alten Matratze und dem Fatboy eine prima Kuschelstation und bereiteten alles für einen gelungenen Kinoabend vor: Kindersekt, Fanta, Salzstangen, Chupa Chups Colalutscher und jeder zwei Mini-Magnums! Die nächsten 90 Minuten hörte ich nur seliges Schmatzen, Schlürfen, Knurpsen und brüllendes Gelächter. Wenn es zu spannend wurde, kuschelten sich meine beiden Krümelmonster ganz schnell an mich, und sobald Beethoven wieder Oberwasser hatte, freute ich mich über ihr infernalisches Jubelgeschrei. Als der Film zu Ende war, hatten die beiden rote Hitzebäckchen und waren kaum zu bändigen, geschweige denn zu beruhigen! Jeder erzählte mir noch mal ganz hektisch und aufgelöst die Höhepunkte in seiner Version mit entsprechendem Gebelle und Gejohle. Herrlich, wenn Kinder vor Begeisterung so richtig steil gehen.

Als ich mich gerade so richtig loben wollte für meine unglaublich tolle Idee, passierte es: Mittendrin in dem aufgedrehten Theater sagt mein Kleiner auf einmal den schrecklichen Satz, den ich insgeheim vor dem Kauf des Filmes zur Überschrift meiner Befürchtungen gemacht hatte: »Mami, kriegen wir auch einen Hund? Bitte, bitte, Mami! Ja? Bitte, bitte, bitte, bitte, bitte Maaaaami! Sag ja, ja Mami! Ja, Mami? Och bitte, Mami! Bitte, Bitte! Mami, kriegen wir einen Hund?« Das Gebettel könnte ich jetzt noch eine komplette Seite weiterschreiben, und es wäre immer noch untertrieben. Und weil ich auch überhaupt keine Chance hatte, dazwischenzukommen, wurde mein Schweigen auch noch bedauerlicherweise als Zustimmung gewertet. »Wir kriegen einen Hund, wir kriegen einen Hund« wurde also genauso häufig und vehement in das übrige »Bitte-ja-Mami-bitte-Gebrülle« eingeflochten, bis mein feinfühliger Gatte laut fluchend das Wohnzimmer betrat, um dem Randalechor der minderjährigen Bittsteller jäh die Luft rauszulassen: »Seid ihr meschugge? Was wollen wir denn mit einem Hund? Das könnt ihr vergessen, aber ganz schnell! Ich glaub', es hakt! Hier ist doch schon genug Theater, da stell' ich mir doch nicht auch noch so 'n Monsterkalb ins Wohnzimmer!« Ich liebe es, wenn Monsieur Klartext spricht. Und der Erfolg gibt ihm recht: Das Geschrei verstummte sofort und wurde stattdessen durch sofortiges Gejammer und nervenzerfetzendes Geheule ersetzt. Klasse!

Die nächsten 14 Tage wurde nur das eine Thema verhandelt. Zwar in verschiedenen Varianten, aber es ging natürlich immer nur um das eine: Warum bekommem wir keinen Hund? Die Varianten lauteten: Wenn wir keinen Hund bekommen, kriegen wir dann eine Katze? Ein Meerschweinchen? Einen Hasen? Einen Hamster? Einen Wellensittich? Ein Aquarium? Eine Schildkröte? Zusatzfrage natürlich immer: Menno, warum nicht? Irgendwann schwante mir, dass die CIA in Guantanamo wahrscheinlich alle Verhöre von Kindern machen lässt. Weil die einen mit ihren stumpfen Wiederholungen einfach mürbe kochen. Weil diese Kinder in ihrer völligen Fixation auf Bedürfnisbefriedigung gar nicht begreifen wollen, was die angeblich so vernünftigen Gegenargumente ihrer Eltern sind. Das wird vom kindlichen Gehirn gar nicht als akustisches Signal entschlüsselt und an die Ohren weitergegeben. Ein Satz wie: »Um so ein Tier muss man sich doch auch kümmern« oder »Tiere gehören nicht in einen Käfig« oder »Was wollt ihr denn mit so einem stinkenden Hasen« wird praktisch noch unverschlüsselt storniert und ohne Speicher oder Festplattenberührung entfernt. Irgendwann bin ich mal abends eingeschlafen und hatte einen schrecklichen Traum, den ich hier nicht verschweigen möchte:

Ich hatte aufgegeben. Völlig weichgekocht von der täglichen Haustierattacke hatte ich ein Meerschweinchen organisiert. Und so zog »Purzel« bei uns ein. Mit Käfig und allem Gedöns, was so ein Vieh braucht. Die kleinen Schätze sind vor Freude ausgetickt und haben sich auch rührend um das Tier gekümmert. So sehr, dass ich sogar ein schlechtes Gewissen hatte. Wie einstmals Frau Sommer beim Kaffeekaufen in der Werbung spaltete sich mein gutes Gewissen ab und pflaumte mich entrüstet an: »Siehst du! Wie kannst du immer so schlecht von deinen lieben Kindern denken! Natürlich kümmern sie sich um das Tier! Weil sie es sich so sehr gewünscht haben! Und du bist wieder so aggressiv gewesen! Die armen Kinder!« Ich fühlte mich sooo elend, und das sollte sich erst wieder ändern, als die Kinder am zweiten Tag das mümmelnde Vieh keines Blickes mehr würdigten und schmählich ignorierten. Sie fütterten es nicht mehr, und ihr Vater triumphierte jeden Abend aufs Neue: »Siehste, habe ich dir doch gesagt!« Nach einer Woche zischte ich ihn erbarmungslos und mit den Nerven völlig runter an: »Tu was – sonst tue ich es!« Als er am nächsten Tag von der Arbeit nach Hause kam und unser Ältester noch beim Nachbarn spielte, packte mein resoluter Gatte die Gelegenheit beim Schopf und näherte sich subtil und schleimig seinem kleinen Sohn: »Hallo, mein kleiner Mann! Weißt du eigentlich, warum das Meerschweinchen denn überhaupt Meerschweinchen heißt? Was sagst du? Weil es im Meer schwimmen und tauchen kann? Aha! Ja, das ist eine prima Idee, die du da hast! Natürlich können wir das auch Christoph und Armin von der ›Sendung mit der Maus‹ fragen, klar! Aber warum sollen wir denn sooo lange warten? Komm, das probieren wir jetzt einfach mal selber schnell aus, ob das auch stimmt! Das ist ja stark! Komm schnell mit ins Badezimmer – der Papa hat die Wanne schon vollgemacht, ist das nicht toll? Jetzt tunk' den Purzel mal ganz lange unter Wasser. Ja, natürlich strampelt der! Richtig doll sogar! Fester, Schatzi, nicht loslassen! Fünf Minuten, Papi stoppt die Zeit. Siehst du, das war falsch gedacht, da hast du nicht richtig geraten. Ja, jetzt macht der Purzel heia, gaaaanz gaaanz lange, weil er vom Tauchen so müde ist. Am besten bringt der Papa den Purzel dazu in den Wald, und wenn er dann ausgeschlafen hat, kommt er ganz bestimmt wieder zu uns gehoppelt! Sooooo!«

Bei diesem langgezogenen »Soooo!«, das so fies klang wie Hannibal Lecters Stimme beim Filetieren einer Arschbacke, wachte ich schweißgebadet auf. Atemlos vor Angst stand ich auf und schaute im Badezimmer nach. Da stand mein großer Sohn vor der Wanne und ließ Wasser ein! »Was machst du denn da?«, fragte ich hochhysterisch. »Ich kann nicht schlafen, Mami! Und du sagst doch immer, ein heißes Bad macht müde!« – »Und warum kannst du nicht schlafen?« – »Weil ich immer an einen Hund denken muss! Kriegen wir einen Hund? Bitte, Mami!« Ab da verlassen mich meine Erinnerungen. Ich bin erst im Krankenhaus auf der psychologischen Station wieder aufgewacht. Da habe ich mich erst mal eine Woche bei Johanniskraut und einer schönen Gesprächstherapie erholt. Ich zucke zwar immer noch leicht, wenn ich die Wörter »Hund« und »bitte« höre, aber die Ärztin meinte, dass sich das bald legen würde. Zu Hause waren alle ganz lieb zu mir. Hoch und heilig versprachen mir die kleinen Schätze, sie würden mich auch nie mehr nach einem Tier fragen! »Ehrlich, Mami!« Ich war glücklich, dass der Albtraum endlich ein Ende hatte. Dann klingelte es, und Oma kam auch noch. Die Gute hatte Gott sei Dank von dem ganzen Drama nichts mitbekommen, und das war auch besser so in ihrem Alter. Sie verschwand wie üblich zu den Mäusen ins Kinderzimmer, um ihnen wie immer ein kleines Mitbringsel zuzustecken. Diesmal musste es allerdings etwas ganz Besonderes sein, denn das Freudengeschrei war groß. Eine Sekunde später kam der Kleine ins Wohnzimmer und brüllte außer sich vor Freude: »Guck mal, Mami! Omi hat uns einen Film mitgebracht – den zweiten Teil von Beethoven – ›Eine Familie namens Beethoven‹! Juhuuu!« Wie ich schon anfangs sagte: Ich hätte es wissen müssen …

»Ich habe das tollste Kind der Welt!«

Der Unterschied zwischen Eigen- und Fremdwahrnehmung.

Natürlich liebe ich meine Kinder. Aber ich weiß auch, dass von meinen kleinen Augäpfeln keiner der nächste Yehudi Menuhin sein wird. Warum? Weil sie beide Geige spielen doof finden. Das ist ein Grund, den ich akzeptieren muss. Aber – ich mache aus meinen Kindern auch deswegen keine Wunderkinder, weil ich mir eine gewisse Objektivität selbst von meinen gewaltigen Mutterliebetrieben nicht nehmen lasse. Eine nicht zu verdrängende, selbstreflektierende und analytische Distanz sagt mir ganz klar und ohne »Wenn und Aber«: Ja, es ist schon wahnsinnig, wie gut unser Jüngster zu Musik tanzen kann! Wenn der Peter Fox hört, dann bewegt er sich so geschmeidig wie der junge Michael Jackson zu seligen Moonwalk-Zeiten. Und wie süß er dann mitjuchzt! Und Margit, seine Erzieherin aus der Kita, sagt ja auch immer wieder: Keiner singt »Pitsch patsch Pinguin« süßer als mein kleiner Music-Man! Bei der musikalischen Früherziehung darf nur einer das Tamburin schlagen – mein kleiner natural born Groovemaster! Als der Detlev Jöcker mal Kinder zum Mitsingen gesucht hat, haben wir dieses süße »Wie schön, dass du geboren bist« auf Video aufgenommen und an den Verlag geschickt. Da hat selbst Sabine von gegenüber gesagt (und die ist wirklich von Neid zerfressen, wenn es mal nicht um ihre Superkinder geht!): »Das MÜSST ihr unbedingt losschicken! Wenn der nicht irgendwann bei ›The Voice of Germany‹ gewinnt, dann weiß ich es auch nicht!« Und natürlich war mir auch gleich klar, dass die (also von dem Jöcker jetzt) sich wahrscheinlich melden würden. Aber deswegen mache ich meinen hübschen Goldspatz doch nicht gleich zum neuen Heldentenor. Man muss die Kirche auch mal im Dorf lassen und es ganz nüchtern sehen: Er sieht halt supersüß aus, ist wirklich wahnsinnig musikalisch und singt toll, nicht mehr und nicht weniger!

Das tut doch auch nicht not, die Kinder subjektiv so zu vergöttern. Das sieht man doch an Sabine, wohin das führt. Die ist ja so was von isoliert im Kindergarten, mit der will doch keine von uns normalen Müttern mehr was zu tun haben! Weil keiner mehr ihre Heldengeschichten über Luca hören will. Luca, der neue Fußballstar! Mein Gott, der Junge ist sechs Jahre alt und kann meiner Meinung nach gerade mal halbwegs vernünftig vor 'nen Ball treten, und sie macht gleich den neuen Ronaldo aus dem Kind! Und dabei ist der körperlich – und mit der Meinung stehe ich nun echt nicht alleine da – eher unterentwickelt! Der stolpert doch andauernd über seine eigenen Füße und ist der Kleinste in der Wilde-Strolche-Gruppe! Ich hab ja nichts gesagt, als Shania, die junge Mutter von Maurice-Finlay, neulich zu Sabine meinte, an ihrer Stelle wäre sie schon längst mit Luca zum Arzt gegangen, weil der doch schon jetzt fast seit zwei Jahren nicht größer geworden sei. Da ist Sabine echt so steil gegangen, das war echt bitter! Richtig peinlich für sie, wie sie da die wirklich wichtige Außenbetrachtung zum eigenen Kind verloren hat. Anstatt die Sorge einer Mitmutter zu respektieren und sich über die Anteilnahme zu freuen, hat sie wie eine beleidigte Oberglucke den ganzen Umkleideraum in der Kita zusammengeätzt: Ihr Luca würde bald ein Probetraining beim BVB absolvieren, und ihr Mann hätte geschäftlich mit Jürgen Klopp zu tun, und der hätte zu Jürgen (ihrem Mann) gesagt, er wäre sehr interessiert an jungen Talenten wie Luca! Und der Nessi (ja, das sagte sie!) wäre auch so klein, und der Lahm sowieso, und dass Shania mal lieber darauf achten sollte, dass Maurice-Finlay seinen Namen richtig schreiben lernt, wenn er ihn schon nicht richtig aussprechen könnte mit seinen sechs Jahren. Dass da auch Russisch Brot mehr helfen könnte als fingerdicke Nutella-Brote. Das hat Shania natürlich als rassistische Anspielung auf ihren Dimitri verstanden, obwohl Dimitri in Münster geboren wurde und seine Eltern keine Russen sind, sondern aus Bulgarien stammen. Dass die beiden Heldenmütter sich nicht geprügelt haben, war alles.

Ich habe abends dann mal meinen Süßen gefragt, ob er schon mal – wo er doch ab und zu mal mit Sabines Jürgen beim morgendlichen Joggen eine Runde zusammen läuft – von Jürgen gehört hätte, dass Luca vom BVB gekauft wird und ob die Sache mit Jürgen Klopp stimmen würde. Etwas mürrisch und leise vor sich hinmurmelnd, dass er keinen Bock habe, »da in dieses Müttergezeter hereingezogen« zu werden, versprach er zwar nicht ausdrücklich, die gewünschten Informationen zu besorgen, aber die Saat der Neugier war gesät, und der Name Klopp würde sie garantiert aufgehen lassen. Ich kenne doch meinen großen Fußballexperten und Kicker-Abonnenten. Am nächsten Abend war es so weit. Ich musste nicht mal nachfragen. Mein Schatz hatte die Jacke noch nicht am Haken, da legte er los: »Soll ich dir sagen, was Jürgen mit Jürgen Klopp geschäftlich zu tun hat? Der Kloppo war im Karstadt-Sporthaus und hat da 'ne Autogrammstunde gegeben. Und weil Jürgen doch da in der Tennisschuhe-Abteilung arbeitet, hat er sich auch ein Autogramm geholt. Geschäftlich, dass ich nicht lache! Und da hat er wie alle anderen Väter auch gefragt, ob der BVB nicht auch ganz junge Talente sucht. Da war der Klopp allerdings schon weg.«

Peinlich. Arme Sabine, das tat mir jetzt fast schon ein bisschen leid. Wie sie sich da in ihrem Kindervergötterungswahn ein Märchen zusammenbastelt, ist ja wohl meilenweit an der Realität vorbei. Traurig, wenn da irgendwie der Abstand fehlt. Luca, das große Fußballtalent. Türlich, türlich! Dass ich nicht lache. Der kleine Däumling spielt dann wohl eher noch die nächsten fünf Jahre bei den Minikickern!

Damit war die Geschichte auch erledigt, und Sabine war Gott sei Dank auch nicht weiter mit neuen Geschichten aus Phantasien unangenehm aufgefallen. Umso erfreuter und überraschter war ich natürlich, als ich nach drei Wochen endlich vom Verlag eine Reaktion auf das tolle Gesangsvideo meines kleinen Singstars bekam. Mit fahrigen Händen und heißen Wangen riss ich den Brief auf und las ihn mir durch. Da stand: »Liebe Frau Feller, vielen Dank für Ihre Einsendung. Wie Sie sich sicher denken können, haben wir über tausend Zuschriften bekommen. Wir haben uns mit Detlev alle Beiträge angesehen und versucht, sie angemessen zu beurteilen. Was das Lied Ihres Sohnes betrifft, so hätten wir uns zumindest gewünscht, dass er ein Lied von Herrn Jöcker ausgesucht hätte anstatt eines von Rolf Zukowski. Es geht ja schließlich um ein Singen mit Herrn Jöcker. Davon abgesehen, trifft Ihr Kind keinen Ton richtig und ist leider auch nicht in der Lage, die Melodie des vorgetragenen Liedes auch nur ansatzweise fehlerfrei zu intonieren. Auch gibt es trotz der schlechten Tonqualität klare Hinweise, dass Ihr Sohn den Text nicht beherrscht. Somit bedauern wir, Ihnen leider mitteilen zu müssen, dass wir beim besten Willen keine Verwendungsmöglichkeit für Ihr Kind sehen. Mit freundlichen Grüßen, Herr Blablabla! PS:

Als Mindestalter für die Bewerbung hatten wir 6 Jahre angegeben. Auf dem Video sah Ihr Sohn wesentlich jünger aus. Oder haben Sie uns eine alte Aufnahme geschickt?«

Kalte Wut stieg in mir hoch. Was bilden sich diese Leute eigentlich ein? Mein Gott, das Ganze war doch eh nur als Jux gemeint. Streng genommen war es doch auch sowieso nur Sabine, die meinte, wir sollten das Video doch unbedingt losschicken! Mit ihrem kranken Ehrgeiz. Ist doch wahr! Ich wollte das eigentlich doch gar nicht. Man sollte auch nicht zu viel in den Kinder sehen. Mein Schatz ist ein ganz normales Kind. Man muss die Kirche doch auch mal im Dorf lassen und es ganz nüchtern sehen: Er sieht ganz passabel aus, hört gerne Musik und singt laut, wenn auch nicht schön oder verständlich – nicht mehr und nicht weniger. Aber dafür spielt er toll Fußball.

»Wieso zusammenfalten?«

Männer und Kofferpacken.

Die schönste Freude ist und bleibt die Vorfreude. Nach dem Urlaub ist vor dem Urlaub. Mein Süßer und ich können stundenlang bei Kerzenschein, einem Glas Rotwein und unzähligen Reiseführern am Küchentisch sitzen und mit der Planung des nächsten Sommerurlaubs verbringen. Denn beim letzten Mal sind wir urlaubsreif aus dem Urlaub gekommen.

Die Kinder sind gerade im Bett und schnorcheln friedlich, die Wohnung ist halbwegs aufgeräumt, und was jetzt noch gemacht werden müsste, kann auch morgen noch erledigt werden. Die Spülmaschine surrt anheimelnd im Hintergrund, es duftet noch kaum vernehmlich, leicht und warm nach dem Abendessen, die Erinnerung an das letzte Kinderlachen schwirrt noch leise durch den Raum, bevor sich engelsgleiche Ruhe einnistet und sich Gemütlichkeit breitmacht. Das Haus liegt friedlich da, und nur der leise, unrhythmische Tanz des Kerzenscheins auf den Wänden erleuchtet den Raum. Jaaaa, so viel Poesie muss sein, denn irgendwann müssen Mama und Papa schließlich auch mal bei einem Gläschen Rotwein oder am besten gleich nach guter, alter Wirkungstrinkerart mit einem Patronengurt Kümmerling vom stressigen Alltag entspannen.

Dann entsteht (warum heißt das wohl Schnapslaune?) genau die richtige Atmosphäre, die wir brauchen, um einen guten Urlaub zu planen: zu zweit am Küchentisch, den Katalog vor Augen und die Welt im Kopf, romantisch umnebelt, trunken voller gemeinsamer Erinnerungen an vergangene Urlaube. Mein Gott, wo sind wir nicht schon überall gewesen. Dänemark, Mallorca, Spiekeroog. Und damals, prä-familia: mit 18 Jahren auf großer Interrail-Fahrt! Mit Zug und Rucksack durch Europa. Von nix 'ne Ahnung, davon aber viel, und die Unsterblichkeit der Jugend im Gepäck! Gute Laune und knapp 200 Mark Reisekasse reichten, um sechs Wochen unbeschwerten Urlaub zu machen. Wohin fahren wir eigentlich? Weit weg! Wie lange bleiben wir eigentlich? Lange! Was wollen wir eigentlich sehen? Alles!

Urlaub machen, das hieß: loslassen, frei sein oder sich zumindest so fühlen, erholen und ... und plötzlich wird mir klar: Das war einmal. Das ist aus und vorbei. Finito. Over. Und auf einmal zerplatzt die erinnerungsselige, alkoholgeschwängerte Luftblase, und wir landen unsanft wieder in der Realität. Ich habe Familie, und die Reisekasse füllt sich nicht von Luft und Liebe. Aus der Traum. Der eben noch greifbare Geruch von Freiheit und Abenteuer weicht einem anderen, bitteren und leicht fauligen Gestank.

Das war der Punkt, an dem ich schlagartig realisierte: Oh nein! Mein Mann hat mal wieder die vollgedonnerte Windel auf der Heizung liegen lassen! Als der Stinker in einer doppelwandigen Sicherheitsmülltüte entsorgt war, wendeten wir uns völlig ernüchtert wieder dem Thema Familienurlaub zu.

Eines schon mal vorneweg: Urlaub mit Kindern ist kein »richtiger« Urlaub. Es gibt diesen Spruch, der da heißt: »Urlaub mit Kindern ist nur Ortswechsel.« Da ist eine Menge Wahres dran. Aber es ist ein Ortswechsel mit erschwerten Bedingungen, weil du ja nicht dein ganzes eingegroovtes Zuhause mitnehmen kannst. Der Wahnsinn fängt ja nicht erst an, wenn du zum Flughafen oder Bahnhof kommst. Nein. Wenn du die Haustür hinter dir zumachst. Oder noch früher. Beim Packen. Da geht es ja schon los. Wenn wir mit dem Auto fahren, denkt mein Mann immer, es ist gaaanz viel Platz in seinem Auto. Das ist erstaunlich. Selbst wenn unser Familienauto ein Smart wäre, würde mein Süßer denken, er hätte die fahrende Truck-Garage vom Knight Rider hinten dran. Und ich höre ihn auch schon wichtig dozieren:

»Hömma, Mäuschen, ich nehme diesmal mein eigenes Kopfkissen mit. Beim letzten Urlaub war das Hotelkissen so dick, das ging ja gar nicht! Da hab ich eigentlich eher im Sitzen geschlafen. Echt total ungesund für meinen Rücken.« Sein Rücken, natürlich. Prinz Bandscheibe auf der Erbse ist aber noch nicht fertig und faselt gleich weiter: »Gott sei Dank fahren wir ja mit dem Auto, da ist ja Platz. Ich nehme auch noch meine Daunendecke mit. Wer weiß, wie das Wetter wird. Die passt sich jedem Klima an. Und eine Erkältung im Urlaub kann ich echt nicht gebrauchen.« Da man einen – und speziell meinen – Mann mit Erkältung überhaupt nie gebrauchen kann, nicke ich nur ergeben. Klar, Schatzi, pack die Daunentrümmer ruhig ein.

Wie sagt der Volksmund: Was Hänschen nicht lernt, lernt Hans nimmer mehr. Stimmt nicht. Kann ich aus eigener Erfahrung sagen. Meine persönliche Lernkurve geht trotz meines mittleren Alters steil nach oben. Dachte ich vor vier Jahren noch, warum soll mein Mann nicht einfach den Koffer der Kinder packen? Weiß ich heute: Männer dürfen Urlaubsgepäck nur dann packen, wenn die Kinder zwischen 18 und 23 sind und natürlich nicht mehr mitkommen wollen. Oder wenn man Urlaub auf einer Bohrinsel oder im Technikmuseum Singen macht.

Hier einfach mal die Liste der wichtigsten mitzunehmenden Dinge, die Männer mit in den Urlaub für drei Wochen Spiekeroog nehmen. Zusätzlich zu der unverzichtbaren, männlichen Grundausrüstung wie zum Beispiel eine Reservejeans, zwei Pullis, 500 Gramm T-Shirt, vier Paar Wechselsocken und zwei Schlüpfer (»Wieso mehr einpacken? Du musst doch eh zwischendurch waschen!«):

Männergepäck:
- Zahnbürste (verhandelbar)
- Gummistiefel
- Ölzeug
- Kescher
- Angel
- Sextant (falls an Krabbenkutter oder Fähre die Navigation ausfällt)
- Werkzeugkiste (für eventuelle Schäden an Krabbenkutter oder Fähre)
- Surfbrett
- Kiste Krombacher-Bier (»Warum?« – »Schatz! Da gibt's nur Jever!«)
- Bundesliga-Dekoder
- Lustige Taschenbücher Band 1 bis 104 (nicht verhandelbar)

Was für Kinder unverzichtbar ist:
- Teddy
- Schnuffeltuch
- »Conni lernt reiten«
- »Conni lernt schwimmen«
- »Conni auf dem Bauernhof«
- »Conni lernt lesen«
- »Conni geht uns auf'n Sack« (muss ich noch schreiben)
- Lieblingsstoffhund
- Der große Playmobil-Flughafen

- Sämtliche Legokleinteile
- Zahnbürste (Fehlanzeige)
- Waschlappen (Fehlanzeige. Gegenargument: »Mama, wir fahren ans Meer, da wimmelt es von Wasser.«)
- 1. Staffel »Yakari und kleiner Donner«

Mein Koffer (was ich gerne mitnehmen würde):

- Zeit für mich
- Kiste Prosecco
- Acht Stunden Ganzkörpermassage
- Ein Vollbad
- H&M komplett
- Brad Pitt

Mein Koffer (was ich tatsächlich mitnehme):

Alles Nötige für den Urlaub, was die Süßen nicht einpacken werden. Bei unserem letzten Österreich-Urlaub war unser Touran der einzige PKW, der LKW-Maut zahlen musste, weil er über 7,5 Tonnen gekommen ist.

Mädels, jetzt mal ganz ehrlich: Männer und Frauen werden beim Kofferpacken nie zusammenkommen. Aber in der Familie geht es gar nicht um den Einzelnen. Sondern, dass es zusammenpasst. Natürlich ärgere ich mich jedes Mal über den Tinnef, den die Jungs einpacken. Aber wenn ich dann im Strandkorb sitze und meine beiden Meeresforscher in der untergehenden Sonne durchs Watt stapfen sehe, mit Gummistiefeln, Ölzeug, Kescher und Sextant, dann ist mir alles egal. Dann könnte ich durchdrehen vor Glück! Platzen vor Stolz und der ganzen Welt zurufen: »Das sind meine!« Einfach nur süß, meine kleine Familie! Natürlich war Urlaub früher auch toll, nur mein Schatz und ich, ausschlafen, keine Pflichten und den lieben Gott einen guten Mann sein lassen. Aber möchte ich tauschen? Um nichts in der Welt! Auch aus übernächtigten Augen betrachtet, kann ich aus tiefstem Herzen sagen: Ich liebe meine kleine Chaos-Familie! Auch wenn ich nach jedem Urlaub urlaubsreif nach Hause komme. Die schönste Freude ist ja bekanntlich die Vorfreude.

»Hä? Welche Angie?«

Mit Männern auf Partys.

Partys – schwierige Sache. Ein ewiges Streitthema. Fängt schon damit an, dass natürlich darüber diskutiert wird, wer zurückfährt. Weil ein Taxi nehmen komischerweise nie eine Option ist. Wirklich! Jetzt, wo ich darüber nachdenke, wird mir klar, dass mein Süßer und ich nie auf die Idee kommen würden, ein Taxi zu bestellen. Irgendjemand muss in frühester Kindheit eine Synapse in unserem Gehirn verödet haben. Oder sie wurde umprogrammiert – der ursprüngliche Code, der besagte, dass, wenn zwei saufen wollen, ein Taxi die beste Lösung ist, wurde geändert in: Taxifahren ist nur für Lottomillionäre. »WATT? Dreißig Euro für die paar Meter?! Bin ich Scheich Saudn-Abdul-Saut? Hab ich eine Geldpresse im Keller?« Schon klar, kenne ich schon von meiner Oma. Ihr Lieblingsspruch war immer: »Nicht jeder Esel kackt Dukaten, da hilft kein Füttern und kein Warten.« Komisch nur, dass wir, ohne mit der Wimper zu zucken mal eben bei McDonald's dreißig Euro für Ketchuppampe auf den Tisch legen. Oder ein Paar Adidas-Sneaker mit dem Warenwert von 2,50 für neunzig Euro kaufen. Und für zwei Stunden Kino plus Popcorn, Cola und Nachos mit der ganzen Familie ungerührt 65 Euro löhnen. Mindestens. Aber nudelglücklich und herrlich angeschickert mit dem Liebsten im Arm auf dem Rücksitz nach sechs Stunden super Party im Taxi knutschend nach Hause fahren – das ist uns keinen Cent wert. Stattdessen trinkt Mutti (meistens) sauertöpfisch ihr Wässerchen mit einem Spritzer Prosecco, während sich Vatti den Biereimer komplett und bis zum Verlust der Muttersprache übern Kopf stülpt. Zu Hause angekommen, muss man das angeschossene Nashorn auch noch irgendwie ins Schlafgemach bugsieren, bevor die Hefenarkose blitzartig jedes Mitarbeiten seinerseits verhindert und er vor dem Sofa einfach stumpf wegnickt. Mit einem Spuckefaden aus dem Mundwinkel und einer Fahne, die von Amnesty International auf die rote Liste der Chemiewaffen gesetzt werden müsste. Bevor unser abgefülltes Flüssighefeteilchen allerdings endgültig in den alles verschnarchenden Promillenebel wegtaucht, behauptet er im Brustton der Überzeugung natürlich noch: »Ichbindonovöllichnüchtanichmerknoganix«!

Auf der Gegenseite: eine abgekämpfte Ehefrau kurz vorm Bandscheiben-Dropout, entnervt, desillusioniert, erschöpft und müde ins Bett wankend, in dem niederschmetternden Bewusstsein, dass das Wohnzimmer am Sonntag eine Ausnüchterungszelle sein wird. Der Kindergarten hat zu, und somit hat man – inklusive dem Totalausfall von Doktor Hans-Jürgen Krombacher persönlich – DREI nervende Männer an den Hacken. Nein, nein, nein. Liebe Leidensgenossinnen, bitte besteht beim nächsten Mal auf ein Taxi, damit ihr euch genauso wegschießen könnt. Wenn zwei betrunken sind, bleibt zumindest der Samstag für alle lustig.

Auf einer guten Party gibt es allerdings noch weitere Fallgruben – selbst für eine stabile und ausgeglichene Partnerschaft. Gemeint ist hier das männliche Balzverhalten. Stecken Sie eine Mülltonne in Pumps und halterlose Strümpfe, setzen ihr eine blonde Langhaarperücke auf, und

Bingo! Sie ahnen schon, worauf ich hinauswill, oder? Elf von zehn Männern werden alles versuchen, mit eifriger Anmache ihren Sack in der Tonne zu versenken. Entschuldigen Sie bitte diesen etwas primitiven Vergleich, aber wir reden hier nun mal schließlich über Männer. So ein normaler Mann schaltet rein biologisch bei Ausstattungsmerkmalen wie große Brüste, lange Beine oder hohe Hacken evolutionsmäßig schlicht und ergreifend einen Gang zurück und verfällt in automatisiertes Gockelgehabe. Ich weiß, wovon ich rede. Neulich war es wieder so weit. Brittas jährliche Geburtstagsparty stand auf dem Programm, und ich hatte mich konsequent vorbereitet: »Wollen wir nicht lieber Taxi fahren?« Und mein Süßer flötet: »Ach Quatsch, das Geld können wir uns doch sparen. Mich interessiert Brittas Party eh nicht so. Trink du dir mal einen, ich fahre.« Aha. Im Nachhinein muss ich mir leider eingestehen, dass ich das geglaubt habe. Aber ich will nichts vorwegnehmen …

Bei Britta war eigentlich alles so wie immer. Dieselben Leute, dieselben Gespräche, dieselbe Musik. Lustig und amüsant. Das Einzige, was neu war, war Angie. Ich kannte Angie noch aus dem Studium, danach war sie allerdings für ein paar Jahre nach New York ausgewandert. Modelkarriere, dann so einen reichen Rockefeller geheiratet und nach einem Jahr mit einer kräftigen Abfindung geschieden worden. Das mit der Modelkarriere stellte sich im Nachhinein als eher unbedeutend dar: Vor drei Jahren hatte Angie mal in der ›Apothekenumschau‹ so einen Modelwettbewerb gewonnen und hat hier und da mal für ein paar Apotheken den einen oder anderen NIVEA-Labello-Job gemacht. Will sagen: nur Mund und sonst nichts auf dem Foto. Obwohl sie objektiv hübsch genug ist, um alles von sich zu zeigen. Um ehrlich zu sein, wo Angie auftaucht, drehen sich Köpfe. Und es entsteht dieses Michael-Jackson-Körperbewegungsgeräusch. WUSCHZISCHZASCH.

Also streng genommen ist die gute Angie eigentlich so ein Hasskappentyp für uns Mädels. Aber: Die tut keinem was. Die ist echt nett. Ich wollte mich auf der Party eigentlich mit ihr unterhalten, aber wie das so ist auf Partys, man kommt nicht dazu. Aber irgendwann habe ich meinen Süßen gesucht. Der musste ja irgendwo mit seinem Wässerchen stehen. Als ich ihn gefunden hatte, sah ich ihn mit zwei Glas Prosecco in der Hand schnurstracks auf Angie zusteuern. Er hatte sein feinstes Sonntagslächeln aufgesetzt und versuchte mit eingezogenem Bauch möglichst elegant auf sie zuzuschweben. Amüsiert und gleichzeitig angemessen angefressen beobachtete ich die beiden die nächste Stunde von der Wohnzimmercouch aus. Als er nach einer Stunde erneut zwei Gläser Prosecco holen wollte, stolperte ich »zufällig« in seinen Weg und gurrte: »Wie süüüß von dir! Du hast mich bestimmt gesucht und wolltest mit mir anstoßen. Sag mal, willst du jetzt auch Taxi fahren? Das verspricht ja ein heißer Abend zu werden. Und, wie geht es denn Angie so?«

Er: »Welche Angie?«

Ich: »Na, die Freundin von Britta. Jetzt sag bitte nicht, du weißt nicht, wer Angie ist. Du hast doch da 'ne gute Stunde mit der gestanden und geredet. Dieses hübsche Model.«

Er: »Ach DIE! Ach, Angie heißt die? Ach so, ja, Angie, aber das waren doch höchstens 10 Minütchen.«

Ich: »Nein, Schatz, das war mindestens eine Stunde. Das weiß ich genau, ich war um kurz nach 10 auf Toilette, und um elf kam Ralf mit dem Geschenk für Britta. Da standest du immer noch dahinten mit ihr in der Ecke.«

Er: »In der Ecke, in der Ecke! Was heißt ›in der Ecke‹? Ein Raum hat nun mal vier Ecken. In der Ecke! Wie sich das anhört!«

Ich: »Das hört sich überhaupt nicht an. Ihr habt in der Ecke gestanden.«

Er: »Ja eben, irgendwo muss man ja stehen. Das ist ja auch so laut überall.«

Ich: »Richtig. Und so Ecken sind ja meistens stiller als der Restraum. Was laberst du denn hier überlaut und ruderst hier rum wie ein ertappter Honigbär? Ist doch alles gut. Ist ja auch wirklich eine echt Hübsche, die Angie. Tolle Figur. Und was macht die jetzt so? Worüber habt ihr denn so gesprochen?«

Er: »Ja Gott, worüber haben wir gesprochen? Die hat so genuschelt mit ihrem komischen Amerika-Akzent. Ich hab' ja die Hälfte gar nicht verstanden.«

Ich: »Wieso, ich dachte, in der Ecke war es so ruhig. Und soweit ich das sehen konnte, war dein Mund ja auch nur einen Zentimeter von ihrem Ohr entfernt.«

Er: »Ja, aber doch nur, weil die nix verstanden hat. Die ist doch stockbesoffen. Und außerdem, wo soll die denn bitte schön hübsch sein?«

Ich: »Aha, stockbesoffen und nicht hübsch. Dann hast du den Arm nur um ihre Hüfte gelegt, damit die Arme nicht umkippt in ihrem desolaten Zustand. Sag mal, hältst du mich für doof? Die hat 'ne Top-Figur UND ein hübsches Gesicht.«

Er: »Ja, wenn man auf Knochenmobiles steht, ok. Aber ich sag dir, Lisa, die könntest du mir auf den Bauch schweißen, ich würd mich losrosten. Lisa, ehrlich, die würde ich achtkantig von der Bettkante schubsen.«

Ich: »Ja, das ist mir schon klar. Das eine Bein nach links, das andere nach rechts.«

Er: »Sag mal, tickst du jetzt völlig aus? Das stimmt doch gar nicht. Da war doch auch gar nichts. Was soll ich denn machen, die findet mich halt nett.«

Ich: »Schatzi, ich weiß, dass da nichts war. Aber gib doch einfach mal zu, dass du dich einfach nur 'ne Stunde lang mit ner hübschen Frau unterhalten hast. Ich fand's doch auch süß, dass die dich wohl ganz gut fand. Und da hab ich noch gedacht – und ICH nehm ihn mit nach Hause.«

Er: »Ja, natürlich war das ganz nett. Bisschen gequasselt, die kannte da ja auch keinen. Aber irgendwie hat die auch einen an der Klatsche. Und weißt du was, jetzt trinken wir uns mal so richtig einen, dann bestellen wir ein Taxi, und zu Hause fallen wir übereinander her.«

Ich: »Was? Mit dem Taxi? Bist du bescheuert? Das ist doch viel zu teuer …«

Am Ende sind wir natürlich nicht Taxi gefahren. Ralf hat uns mitgenommen. Das heißt – eigentlich eher seine Frau Anja. Denn Ralf war voll wie ein Schrubbeimer und konnte nichts mehr sagen. Wir auch nicht, aber diesmal waren wir wenigstens eine harmonische Einheit und glücklich. Wir hatten dreißig Euro gespart, waren heiß wie Lassie, und der Sonntag noch ganz, ganz, ganz weit weg.

Schlusswort

Ihr Lieben,

da sind wir auch schon am Ende des Buches angekommen!

Ich hoffe, ihr hattet beim Lesen genauso viel Spaß wie ich beim Schreiben. Ich lache für mein Leben gerne, und ich liebe es, Leute lachen zu sehen!

Ich wünsche mir so häufig, dass die Leute mehr lachen, wenn sie mit ihren Kindern zusammen sind. Natürlich ist es manchmal mit Kindern aufreibend und beschwerlich. Schon vor der Geburt! 9 Monate lang Übelkeit, ein Körpergefühl wie ein Sack Kartoffeln und liegen nur auf der Seite. Wenn die Babys noch ganz klein sind, rauben sie einem den Schlaf. Wenn sie anfangen zu laufen, stellen sie einem die ganze Bude auf den Kopf. Wenn sie anfangen zu reden, kommt man nicht mehr dazwischen, weil sie ohne Punkt und Komma quasseln und alles wissen wollen. Der Erfinder der Frage »Warum?« hatte jedenfalls keine Kinder, so viel ist schon mal klar. Und manchmal ist man kurz vorm Explodieren, weil die kleinen Rabauken uns auf die Palme bringen. Aber in einer wohlwollenden ruhigen Minute müsste man eigentlich ständig denken: Na und? Kinder ticken halt einfach anders. Kinder haben einen anderen Blick auf die Welt und haben andere Bedürfnisse.

Ich freue mich jedenfalls auf alles, was bei meinen Söhnen noch so auf mich zukommt. Der erste Schultag, der Stimmbruch, die Pubertät beziehungsweise, sie dann irgendwann gemeinsam gemeistert zu haben, die erste Freundin (oder Freund), alles.

Aber das ist dann ein neues Buch!

Danksagung

Kurz vor Ende liegt mir eine Sache besonders am Herzen: An dieser Stelle möchte ich gerne lieben Menschen danken!

Liebe Mama,
erst einmal danke dafür, dass es mich überhaupt gibt. Ich weiß so vieles mehr zu schätzen, jetzt, wo ich selber Kinder habe. Danke Mama, dass du nachts aufgestanden bist, wenn ich geschrien habe, und mich auf den Arm genommen hast, wenn sich meine kleinen Speckärmchen in deine Richtung streckten. Auch wenn du gerade noch mal eben den Haushalt gemacht hattest und sich dein Rücken schon angefühlt hat wie Zwieback. Ich habe mich immer geborgen gefühlt – bis heute!

Und Mama! Danke dafür, dass du jetzt eine so tolle Oma für meine Kinder bist! Abgesehen davon, dass ich ohne deine Hilfe den Großteil meiner Auftritte nicht hätte wahrnehmen können, lieben meine Spätze dich unendlich.

Meine lieben Söhne, ihr habt euch einfach so in mein Leben geschlichen, es komplett übernommen und mich damit zum (meistens) glücklichsten Menschen der Welt gemacht. Ich lerne auch viel über mich, seit es euch gibt. Außerdem gäbe es ohne euch dieses Buch nicht, weil ich niemanden hätte, der mich so an die Grenzen meiner Gefühlswelt bringt und über den ich mich so herrlich lustig machen und aufregen könnte. Ihr seid mein Leben, ich liebe euch!

Ich möchte meinem Mann danken. Ohne ihn wäre mein Leben ein komplett anderes. Natürlich hätte ich nicht diese supersüßen, niedlichen, tollen, zauberhaften äh, ich schweife schon wieder ab, Kinder. Ohne ihn wäre ich auch beruflich niemals so weit gekommen. Mein Motivator, mein Fürsprecher, mein härtester Kritiker und verrückt Liebender. Keiner fragt so unermüdlich: »Weißt du, was ich nicht verstehe?« So sehr wir auch hier und da zu kämpfen haben, weiß ich, dass ich mich immer auf dich verlassen kann. Ich danke dir.

Liebe Feli, liebe Jacqui, liebe Lea, liebe Babysitterinnen!
Ihr seid so unermüdlich zu den beklopptesten Tages- und Nachtzeiten für mich und meine Kinder da. Ihr kommt mit bis nach Görlitz oder Berlin, wenn es sein muss. Ihr wartet geduldig, bis ich um drei Uhr nachts nach Hause komme. Ihr steht morgens auch schon mal um sechs Uhr auf der Matte, weil ich einen Termin sonst wo habe. Und dabei seid ihr so liebevoll mit meinen Söhnen, dass die auch gerne mal fragen: »Mama, wann bist du denn mal wieder auf 'nem Auftritt?« Ihr seid super!

Liebe Erzieherinnen in meiner KiTa,
ich weiß nicht, wie ihr es macht. Aber mit welcher Engelsgeduld ihr die kleinen Strolche behandelt! Ich wäre schon hundertmal ausgerastet, da habt ihr immer noch ein Gemüt wie eine Lavalampe, sanft wogend hin und her! Und wenn ich sehe, dass mein Kleiner morgens auf euch zurennt und sich an euer Bein festkrallt, um dann ohne einen Blick zurück mit in den Gruppenraum zu gehen, dann weiß ich: Das ist pures Vertrauen. Ihr seid toll. Danke!

Lieber Till Hoheneder,
wo fange ich an, wo höre ich auf? Ach, ich fange mal an, und aufhören muss es ja noch lange nicht! Was bist du für ein warmherziger, ehrlicher und senkrechter Typ. Und ganz klar: Ohne dich gäbe es dieses Buch schon mal gar nicht! Danke für die beste Mitarbeit, die man sich überhaupt nur wünschen kann. Was schraubst du an Sätzen rum, bis sie sitzen, und gibst auch nicht klein bei, wenn dir eine Silbe nicht gefällt. An dieser Stelle auch ein Riesendanke an deine liebe Frau, die mich während der Endphase des Buches in euer Arbeitszimmer hat einziehen lassen und die eine wunderbare Kritikerin für dieses Buch war! Außerdem, Till, machst du den besten Milchreis der Welt. Wenn man auch über alles streiten kann, darüber sicherlich nicht!

Ich möchte mich unbedingt noch bei Micky Beisenherz bedanken, der mir gerade in meinen ersten Stand-up-Jahren so unglaublich viel geholfen hat. Ohne dich, Micky, wäre ich nicht da, wo ich heute stehe. Wie kann ein Mensch nur so lustig sein?

Ein fettes Dankeschön geht an die beste Agentur der Welt, an die MTS GmbH aus Münster! An Töne (coolster Agenturchef), an Jonas (Vertragsmaschine!), Gesa (Designqueen!), Susi (das Orga-Wunder), Tobi (der Kämpfer) sowie Katha, Viete, Sabine, Jutti, Ralf, Steffi, Marie und Hans. Ein Haufen voller durchgeknallter, treuer, leidenschaftlicher und hochprofessioneller Menschen, mit denen es einen Riesenspaß macht, zu arbeiten!!! Und das hier ist erst der Anfang!

Und ein großes Dankeschön geht an den Piper-Verlag, der von Anfang an und immer an dieses Buch geglaubt hat und viel lustiger, offener und verrückter ist, als man es von so einem renommierten, wohlgelittenen und altehrwürdigen Verlag glauben würde! Danke!

Es gibt noch so viele Menschen, denen ich danken könnte, aber ich will ja hier kein zweites Buch schreiben. Falls ich jemand Wichtigen vergessen habe, tut es mir leid. Aber so eine Stilldemenz, die hört einfach niemals auf.

Eure Lisa